淮南子

刘　安◎著

北方妇女儿童出版社

目录

序

中华民族要实现伟大复兴，必须有凝聚力。凝聚力的基础是人民具有民族自尊心、自信心，而民族自尊心、自信心的根本来源于对民族文化优秀传统的明确认知。

值得欣慰的是，博大精深的中华传统文化，蕴含着丰富的精神资源。生生不已的变易之道，居安思危的忧患意识，富贵不淫、贫贱不移的大丈夫气概，民为邦本的政治哲学，正德、利用、厚生相统一的精神物质兼顾的文明观，等等，都是开启今人智慧、滋养今人心灵的营养。

为了适应全民阅读的需求，我们本着以弘扬传统文化、传承中华文明为宗旨，精心设计了这套深入浅出，今古相合，适合全民阅读和理解古代先贤智慧的《中华国学经典全民阅读书库》。

本书特点鲜明，以采用多视角、多元化、多维度的图解式为启动引擎，每册图书分为六大版块：阅读图解、观古阅今、辅导讲坛、原典新释、古韵体验和延伸阅读；通过这些版块，详细生动地从不同功用上对丛书之每一国学经典进行全方位的介绍，辅助读者理解古籍中生僻难解之处，有益于在古诗文学习上的理解和提高。

国学，作为一种历史、一种传统、一种文化、一种非物质文化遗产，它所蕴藏的经验、智慧和启示，穿越时空延展至今。我们用它来化解心灵的危机，解释当下的生存困境，救赎迷惘的灵魂。我们正处在现代化进程中，需要从古籍中发掘中华民族固有的传统文化基因作为促进社会进步的重要支撑点，这正是全民阅读国学重要性之所在。

国学流传了几千年，不腐更不会朽，它是清新而流动的活水，万古长青，生机盎然。有鉴于此，我们组织学术界的一流专家，编辑了这套图书，以飨读者。

编者

2015 年 3 月

阅读图解
Yue Du Tu Jie
淮南子

阅读结构图解

No.1
阅读图解：这部分内容用和谐的色彩和图形来对本书作者、历史影响等内容进行解读，简单、清晰、直观，有利于读者轻松把控和阅读本书。

No.2
观史阅今：这部分包括本书的历史传承、影响，以及本书的历史地位、作用、意义等内容，起到点睛之笔的作用，能够让读者做到对经典著作的深入和精细化阅读。

No.3
辅导讲坛：用简短、精炼的语言对每一篇的内容进行概括、总结，以期读者更加快速地从宏观角度掌握本书的主要内容。

No.5

古韵体验：用体验的方式阅读，具有亲历性和验证性，当把书籍的内容用在实际中，是活学活用，也是学以致用，《淮南子》对我们理政、经商、治学、教育等均有广泛用途，有针对性地用在实践中，是我们阅读的目的。

No.4

原典新释：选取和本书相关的人物、图书、影视以及经典的词句、思想等内容，以增加读者的文化积淀，拓宽视野，培育创造力。

No.6

延伸阅读：这部分内容包括原典、注释、译文和铭记链接，侧重对原典的正确解读，注释译文力求简明准确，链接知识紧扣文本，重在凸显原典主旨，弘扬传统文化。

阅读提纲图解

1.《淮南子》又名《淮南鸿烈》《刘安子》，刘向校定时名之"淮南"，是西汉淮南王刘安及其门客李尚、苏飞、伍被、左吴、田由等八人，仿秦吕不韦著《吕氏春秋》，集体撰写的一部著作。

2. 刘安撰作《淮南子》目的，是针对初登基帝位的汉武帝刘彻，反对他所推行政治改革。这部书的思想内容以道家思想为主，同时夹杂着先秦各家的学说，故《汉书·艺文志》将之列为杂家类。

原文部分参照多家白话文本及诸家注、疏、笺、校本，文章经梳理后，以中国现代标点符号标明句读，以方便读者阅读。

卷一　原道

原文

夫①道者，覆天载地，廓四方，柝八极，高不可际，深不可测，包裹天地，禀授无形。原流泉浡，冲而徐盈，混混滑滑，浊而徐清。故②植之而塞于天地，横之而弥于四海，施之无穷而无所朝夕，舒之幎于六合③，卷之不盈于一握。约而能张，幽而能明，弱而能强，柔而能刚。横四维而含阴阳，纮④宇宙而章三光。甚淖而滒，甚纤而微，山以之高，渊以之深，兽以之走，鸟以之飞，日月以之明，星历以之行，麟以之游，凤以之翔。

注释

①夫：文言发语词，用在句首，一般不翻译。
②故：原因，缘故。
③六合：泛指上下和四方，泛指天地或宇宙。
④纮：维系。

注释部分是对古今异义(异音)、生僻、难解等词语进行注释，力求准确严谨，古今相通，简洁明白，便于读者阅读。

3.《淮南子》在继承先秦道家思想的基础上，综合了诸子百家学说中的精华部分，对后世研究秦汉时期文化起到了不可替代的作用。

4.《淮南子》总结了先秦各家学说，博采众家之长，形成一个综合性的、能贯通天地人的庞大理论体系，为统一的封建大帝国提供全面的思想理论根据。

淮南子

译文

“道”，承载着天地万物，可以扩展到四周很远的地方，高度和深度都是无法达到和测量的。它在天地之间，从无形中衍生萌发出了有形的万物苍生。就像是从源头喷薄而出的泉水，从最初的涓涓细流，继而慢慢充盈，水质也从浑浊而变得渐渐清澈起来。因此，立着，可以阻塞天地，横放，则能充斥四方，施用不尽，没有朝夕的分别。舒展开来可以覆盖于天地之间，卷缩起来却握不满整个手掌。它能收缩，也能舒展，能幽暗，也能明朗；它能柔弱，也能强劲。它能在横穿天地的同时蕴含阴阳，维系宇宙，彰显日月星辰。它既柔靡又纤微。山凭借着它才高耸、渊才深邃、走兽才能飞奔、鸟才能飞、日月才能散发光辉、星辰才能运行。麒麟才能游走，凤凰才能翱翔。

译文部分参考诸家注、疏、笺、校本，以现代白话的形式解说文言文原文，以帮助现代读者理解原文，明白其意思。

经典语录

1. 兰生幽谷，不为莫服而不芳；舟在江海，不为莫乘而不为；君子行义，不为莫知而止休。
2. 心欲小而志欲大，智欲圆而行欲方。
3. 有大略者不可责以捷巧，有小智者不可任以大功。
4. 圣人之于善也，无小而不举；其于过也，无微而不改。
5. 塞翁失马，焉知非福。

经典语录是对文章内涵的延伸，所选内容和名言都是本书中知名度最高、对后人启发最深刻的，能够拓展读者视野，加深读者记忆，提高阅读质量。

作者年谱图解

公元前 179 刘安出生。

公元前 164 刘安以长子身份袭封为淮南王，时年 16 岁。

公元前 145 刘安及其门客李尚、苏飞、伍被、左吴、田由等八人，仿秦吕不韦著《吕氏春秋》，集体撰写《淮南子》并于汉武帝刘彻即位之初进献于朝廷。

公元前 139 刘安入京朝见皇上。淮南王暗中结交宾客，安抚百姓，谋划叛逆之事。

刘安借助彗星划过的吉兆，加紧整治兵器和攻战器械。

公元前135

太子和郎中雷被比剑，结果雷被误伤太子，招致太子怨恨，雷被想随军抗击匈奴，刘安不准。雷被遂逃往长安，告发刘安密谋策反。

公元前124

汉武帝以刘安“阴结宾客，拊循百姓，为叛逆事”等罪名派兵入淮南，刘安被迫自杀。

公元前122

作者生平

《淮南子》又名《淮南鸿烈》《刘安子》，西汉皇族淮南王刘安及其门客集体编写的一部汉族哲学著作，道家作品。刘安（公元前179年–公元前122年），汉高祖刘邦的孙子，淮南厉王刘长的儿子。公元前172年，刘长被废王位，在旅途中绝食而死，年仅25岁，死后被谥为淮南厉王。刘长死后，淮南国被取消，收归中央管理。

两年后，汉文帝又想起了刘长这个自杀了的弟弟，越想心里越不是滋味，便下诏将刘长4个年仅七八岁的儿子都封了侯；到公元前164年，汉文帝再次下诏，将原来的淮南国一分为三，分别封给刘长的3个儿子，其中长子刘安承袭了父亲的爵位，出任淮南王。

刘安在幼年的时候非常喜欢读书和鼓琴，不喜弋猎狗马驰骋，潜心研究治国安邦的策略，还喜欢著书立说。刘安爱贤若渴，礼贤下士，淮南国都寿春成了文人荟萃的文化中心。刘安召集门客，集体著成了《淮南子》。

刘安好黄白之术，召集道士、儒士、郎中以及江湖方术之士炼丹制药，最著名的有苏非、李尚、田由、雷被、伍被、晋昌、毛被、左吴，号称“八公”，在寿春北山筑炉炼丹，偶成豆腐。刘安因之被尊为豆腐鼻祖，八公山也因此而得名。

据史料记载，相传刘安是孝子，其母患病期间，刘安每天用泡好的黄豆磨豆浆加麦芽糖给母亲喝，刘母十分爱喝，之后刘母的病很快就好了，从此豆浆就渐渐在民间流行开来。

汉武帝非常欣赏刘安的才情，但他强力推行的“罢黜百家、独尊儒术”的统治思想，却和刘安推崇的“无为而治”的道家学说南辕北辙，而父亲刘长之死更成了刘安心中的一个“死结”。因此，刘安在广置门客进行“学术研讨”的同时，也在不断地积蓄力量，为有朝一日的谋反做着准备。

在刘安招募的数千门客中，有8个人最具才华，他们分别是苏非、李尚、左吴、陈由、伍被、毛周、雷被和晋昌，这8个人号称是淮南王府上的“八公”。

其中雷被是一位剑艺精湛的剑客，他在与淮南王太子刘迁的一次比试中，失手击中了刘迁，从此惹怒太子，后来更是被逼得在淮南国里待不下去了。雷被于是向刘安请求：跟随大将军卫青去打匈奴。

没想到刘安听后，反倒认为雷被起了叛心，雷被将刘安谋反一事密报给了朝廷。

汉武帝遂派有名的酷吏张汤前来办案，结果认定刘安谋反属实。公元前122年，汉武帝以刘安“阴结宾客，拊循百姓，为叛逆事”等罪名，派兵进入淮南，从刘安家中搜出了准备用于谋反的攻战器械，和用来行诈而伪造的玉玺金印，自知罪无可赦的刘安被迫自杀，而与他串通一气的衡山王刘赐闻讯后，也自杀而亡。

成书时间

《淮南子》是西汉初年淮南王刘安招集门客，于汉景帝、汉武帝之交时撰写的一部论文集。《淮南子》著录内二十一篇，外三十三篇，内篇论道，外篇杂说。今存内二十一篇。以道家思想为主，糅合了儒家、法家、阴阳家之言，一般列《淮南子》为杂家。实际上，该书是以道家思想为指导，吸收诸子百家学说，融会贯通而成，是战国至汉初黄老之学理论体系的代表作。《淮南子》在阐明哲理时，旁涉奇物异类、鬼神灵怪，保存了一部分神话材料，像“女娲补天”“后羿射日”“共工怒触不周山”“嫦娥奔月”“大禹治水”等古代神话，主要靠本书得以流传。

后人读此书，无不以为此书只是一部意在求仙访道博采黄老言的道家之书而已。而黄老道则为汉初文景以来所尊之官学。殊不知，此书乃是建元初年间激烈政治斗争和意识形态辩论的产物。

名家点评图解

唐代史学家刘知几在《史通》中评价《淮南子》说："其书牢笼天地，博极古今，上自太公，下至商鞅。其错综经纬，自谓兼于数家，无遗力矣。"

《淮南鸿烈》者，淮南王刘安以文辩致天下方术之士，会粹诸子，旁搜异闻以成之。凡阴阳造化，天文地理，四夷百蛮之远，昆虫草木之细，瑰奇诡异，足以骇人耳目者，无不森然罗列其间，盖天下类书之博者也。

——宋代学者黄震《黄氏日钞》

《淮南》，天下奇才也！《淮南》之奇，出于《离骚》；《淮南》之放，得于庄列；《淮南》之议论，出于不韦之流；其精好者，又如《玉杯》《繁露》之书。

——清代词人高似孙《子略》

《淮南鸿烈》为西汉道家言之渊府，其书博大而有条贯，汉人著述中第一流也。

——梁启超

道家集古代思想的大成，而《淮南子》又集道家的大成。

——胡适

历史学家、文学家范文澜先生说："《淮南子》虽以道为归，但杂采众家，仍表现出一定的融合倾向。"

淮南子
利害之道，祸福无门，不可求而得也。

观古阅今
Guan Gu Yue Jin
淮南子

秦朝灭亡之后，经过楚汉之争，刘邦获胜，赢得了天下。

汉朝初建，汉武帝承袭秦法，“无为而治”奠定了汉王朝的立国之本。在当时的学术思想界，却恢复了春秋战国时期各家并立的状态，因为秦朝灭亡后，学术思想的研究障碍虽然已经解除，但是秦朝的“挟书律”及“妖言令”到惠帝、吕后时期才逐渐被废除，但在没有被废除前，朝廷对学术思想的研究是不太过问的。战国时代的儒、法、道、阴阳、纵横五家，在汉朝初期依然活跃。

这个时候，极具才情的刘安在广置门客进行“学术研讨”的同时，在汉武帝的授命之下编撰了《离骚体》，这是我国最早对屈原及其《离骚》作高度评价的著作。后来，刘安“招致宾客方术之士数千人”，集体编写了《鸿烈》，“鸿”广大的意思，“烈”是光明的意思。刘安和他的门客认为，这本书包括了广大而光明的通理。后来，才被改为了《淮南子》。

《淮南子》二十一篇，全书内容庞杂，它将道、阴阳、墨、法和一部分儒家思想糅合起来，但主要的宗旨倾向于道家，是对西汉前期道家思想系统而详尽的总结，是研究黄老思想的极其宝贵而丰富的资料。书中不乏其医学内容，包罗万象，既有史料价值，又有文学价值。

《淮南子》虽以道为归，但杂采众家”，仍表现出一定的融合倾向。在宇宙观本体论方面，《淮南子》继承了先秦道家的思想，并加以唯物主义改造。《淮南子》还对先秦道家“无为而治”的观点进行积极的改造和谈释，明确指出：无为，不是无所作为，而是因势利导的主动行为。

《淮南子》还继承发挥了先秦儒家“仁者爱人”的原始人道思想。同时也对商鞅、韩非的历史进化观念提出了自己的观点，书中说：社会生活是变迁的，法令制度也应当随时代变迁而更改，即令是“先王之制，不宜则废之”。

《淮南子》一书适应西汉时期大一统的政治需要，它的产生充分反映了西汉前期开明的学术空气和道家学者的集体智慧。自从《淮南子》面世之后，一直都被人们传阅和注释，在东汉就有马融、许慎、延笃、高诱四家注，但只有许慎和高诱两家较完整地流传了下来，也是我们现在看到《淮南子》的最基本参考。

后来，随着汉武帝“罢黜百家，独尊儒术”的推行，经学盛行，并自魏晋之后，逐渐成为了正统学说，而诸子学说则被视为“异端”，受到了冷落，《淮南子》也处于同样的境地，东汉时期哪种热闹加注研究的已经不复再现。但是，《淮南子》广博的内容仍成为各种类书、字书等征引的对象，说明其流传还很广泛。

许慎的注本在《唐书·经籍志》中已不见记载，可见当时便已散佚。此后一直到宋代，在我国文化史上一直没有专门研究、整理《淮南子》的著述问世。

到了宋代，印刷术发明以后，《淮南子》的刻印本逐渐多起来。北宋学者苏颂根据当时流行的几种版本，相互参校，确立了《淮南子》的一个校订本，他还开始分辨许、高两家之注，为后代学者进一步研究许、高两家注打下了初步基础。

明代，刻书之风非常盛行，《淮南子》的刻本也更多，各种节选本、批校本就更多了。当时，著名的学者归有光、焦竑等才为该书写评作注，然而在当时也是曲高和寡，反应者寥寥无几。

清代乾嘉时期，考据之学大兴，学者们渐渐注意到《淮南子》这部重要典籍。许多著名的考据家如庄逵吉、高邮王氏父子、俞樾、陶方琦、孙诒让等人都对此书做过艰苦的校勘工作，经过他们的校勘考订，《淮南子》在流传过程中出现 的许多错误得到修正。

同时，《淮南子》的校勘、笺释等成绩，也卓然可观，最突出的要数王念孙，他所著的《读淮南子杂志》共二十二卷，书中除了用不同的版本校对外，还通过渊博的知识，运用文法学的观念，用内证、外证，来校正一些不妥当的文句，一字通而全句通，全句通而全篇可读，解决了许多前人未解决的问题，成为继许、高二家注后，研究《淮南子》的重要参考。

民国，对《淮南子》的研究开始考据与义理并重，出现了一些重要的成果，著名学者刘文典吸收了清人的考证成果，撰著《淮南鸿烈集解》。此书考证翔实，解释精审，汇集各家之长，对《淮南子》作了全面的诠释和考辨。《淮南子集释》则是光绪二年浙江书局以·逵吉的校刊本作为底本而刊刻出来的。此外，张双棣的《淮南子校释》等也在文本校勘方面比较有代表性的著作。

近年来，《淮南子》一书所蕴含的思想内容日益引起学者的注意，牟钟鉴教授撰著《吕氏春秋与淮南子思想研究》一书，系统地对两书的思想做了比较研究，并呼吁学术界加强对《吕氏春秋》和《淮南子》的研究。胡适曾说："道家集古代思想的大成，而《淮南子》又集道家的大成。"

辅导讲坛
Fu Dao Jiang Tan
淮南子

本书的阅读，以多视角，多元化，多维度为启动引擎，在阅读时从两个主体部分着眼，就会得到相得益彰的效果。

一、版块辅导

全书共分为六大版块：阅读图解、观史阅今、辅导讲坛、原典新释、古韵体验以及延伸阅读。

图形也是一种语言，但它比文字简练、直观、立体，同时也蕴含着丰富的信息。本书的阅读图解部分就是最好的证明，这部分内容是对整本书的结构概括、作者生平以及本书的历史影响及文学地位的直观展示。

接下来是观史阅今，读者可以从这部分概括性的语言中对本书的意义、传承、影响等方面有一个总体的了解。这样，在阅读原著的时候就能更轻松地领悟作者的思想精髓。

原典新释是本书的重中之重，它主要由原文、注释、译文和经典语录等知识版块组成。梳理原文，并对生僻难解的字词进行注释，同时还配有相应的译文，这些都有利于读者理解国学经典内容。此外，在每一篇文章后面都加了一个紧扣本篇内容的铭记链接知识。这样不仅能加深读者的记忆，而且还开阔了读者的视野，达到了全民阅读“品味经典，弘扬传统文化”的目的。

古韵体验，这也是当我们读完这本经典著作之后的收获和感想。我们都能领悟到作品哪些思想精髓，应该怎么做才能真正地弘扬中华传统文化，实现中华民族的伟大复兴呢？

二、原著辅导

《淮南子》一书体系博大，思想深邃，在许多方面都提出了独特的见解，为汉代学术思想的发展做出了巨大的贡献，书中的许多观点，既考虑了前人的立说，又独辟蹊径，提出了自己的创见。

首先，《淮南子》在哲学方面提出了许多新的创见，《原道训》《天文训》等篇对“道论”做了系统的阐述，其“道论”既继承了老子、庄子等先秦道家关于“道”的思想，又在许多方面加深了对“道”的理解。

特别值得注意的是将道本论与创生论区分开来。道本论讨论道的存在状态及运行过程，类似于哲学上的本体论；而创生论则讨论天地万物

的起源及演化过程，这类似于本源论。这种区分反映了古代哲学思维的深入，表明哲学发展已进入到一个新的阶段。

作者历考神农、尧、舜、禹、汤的功业，指出人类社会正是在与自然的抗争中不断取得发展的，假如束手无为，四肢不动，要想建立功业、维持生存，是不可能的。据此，作者对“无为”作了新的解释：“若吾所谓无为者，私志不得入公道，嗜欲不得在正术；循理而举事，因资而立权；推自然这势，而曲故不得容者；事成而身勿伐，功立而名弗有”（《修务训》），认为无为指的是按照客观的自然规律办事，不居功自傲、自矜自夸。这种解释纠正了老子、庄子“无为”思想的一些消极倾向，使道家的无为思想具有更加积极进取的特性。

《淮南子》还系统地讨论了形神关系问题，第一次对形、气、神三者的关系做了论述。提出了著名的“形者生之舍也，气者生之充也，神者生之制也”的观点，指出三者相辅相成，缺一不可。这种观点后来被东汉著名哲学家王充所继承，对形神关系做了更科学的论述。

《淮南子》对战争的论述也具有总结性的意义。兵家作为春秋战国时期诸子百家之一，在这一时期得到了长足的发展，先秦的军事家如孙武、孙膑、吴起、尉缭子等都对我国古代军事思想的建立和发展作出了巨大的贡献，提出了许多富有创见的观点。而《淮南子》则对这些丰富的思想成果进行了系统的总结，这种总结表现在许多方面。

书中专设《兵略》一篇来讨论有关战争的问题，对战争的起源、作用、战争与政治的关系、战争自身的规律、兵道与大道的关系，以及各种战术原则乃至将帅的素质等等都做了专门论述。作者认为“兵之胜败，本在于政。政胜其民，上附其上，则兵强矣。民胜其政，下畔其上，则兵弱矣”，“故善用兵者，用其自为用也；不能用兵者，用其为己用也。用其自为用，则天下莫不可用也；用其为己用，所得者鲜矣”（《兵略训》）。并指出兵有三势、二权，将军必须具备三隧、四义、五行、十守等素质。

这些观点综合了先秦兵家的有关论述，而统之于“太上之道”。将兵道与大道贯通一体，是《淮南子》总结先秦兵家思想的一个基本原则，也与此书的整体倾向相互呼应。

对神话传说的记述，是《淮南子》一书的另一个重要特点。《淮南子》

保存了许多上古神话传说故事，为研究神话学、民俗学提供了珍贵的素材。因此神话学者、民俗学者把它与《山海经》《楚辞》《庄子》一同比观，视之为上古神话资料的一个宝库。《淮南子》对神话传说的记述相当广泛，《天文训》记载了共工触不周山的故事，《本经训》载有羿射十日、大禹治水的传说，《览冥训》则载有女娲炼石补天、嫦娥奔月的神话故事，《要略》中载有伏羲将八卦演为六十四卦的传说。这些故事不但具有极强的可读性，而且是有很高的研究价值。

总之，《淮南子》一书具有多方面的价值。从文化上来说，它既保存了先秦时期光辉灿烂的文化，又开启了两汉以后的文化。从哲学上来说，它以道家为宗，综合了诸子百家的思想，构筑了一个以道论为主体的哲学思想体系。从政治上来看，它主张积极进取，对无为而治作了新的解释，对治国之道做出了有益的探索。从科学技术上来说，它对天文、地理、节令等都做了广泛而深入的探讨，并以道论为宗本解释各种自然现象，对我国古代科技发展作出了重要贡献。此外，该书还保存了大量的神话传说资料，具有很高的文学价值和学术价值。

所有这一切都表明《淮南子》是一部不可多得的奇书，是我国古代文化典籍中的精品。正如作者在此书末尾所自许的那样："若刘氏之为书，观天地之象，通古今之事，权事而立制，度形而施宜。原道之心，合三玉之风，以储与扈冶，玄妙之中，精摇靡览，弃其珍挈，斟其淑静，以统天下，理万物，应变化，通殊类。非循一迹之路，守一隅之指，拘系牵连之物，而不与世推移也。故置之寻常而不塞，布之天下而不窕。"这样的伟大气魄和探索精神也是我们当代人应该学习的。

原典新释
Yuan Dian Xin Shi
淮南子

卷一　原道

原文

夫①道者，覆天载地，廓四方，柝八极，高不可际，深不可测，包裹天地，禀授无形。原流泉浡，冲而徐盈，混混滑滑，浊而徐清。故②植之而塞于天地，横之而弥于四海，施之无穷而无所朝夕，舒之幎于六合③，卷之不盈于一握。约而能张，幽而能明，弱而能强，柔而能刚。横四维而含阴阳，纮④宇宙而章三光。甚淖而滒，甚纤而微，山以之高，渊以之深，兽以之走，鸟以之飞，日月以之明，星历以之行，麟以之游，凤以之翔。

注释

①夫：文言发语词，用在句首，一般不翻译。

②故：原因，缘故。

③六合：泛指上下和四方，泛指天地或宇宙。

④纮：维系。

译文

“道”，承载着天地万物，可以扩展到四周很远的地方，高度和深度都是无法达到和测量的。它在天地之间，从无形中衍生萌发出了有形的万物苍生。就像是从源头喷薄而出的泉水，从最初的涓涓细流，继而慢慢充盈，水质也从浑浊而变得渐渐清澈起来。因此，立着，可以阻塞天地，横放，则能充斥四方，施用不尽，没有朝夕的分别。舒展开来可以覆盖于天地之间，卷缩起来却握不满整个手掌。它能收缩，也能舒展，能幽暗，也能明朗；它能柔弱，也能强劲。它能在横穿天地的同时蕴含阴阳，维系宇宙，彰显日月星辰。它既柔靡又纤微。山凭借着它才高耸、渊才深邃、走兽才能飞奔、鸟才能飞、日月才能散发光辉、星辰才能运行。麒麟才能游走，凤凰才能翱翔。

原文

泰古二皇[1]，得道之柄，立于中央，神与化游，以抚四方。是故能天运地滞，轮转而无废，水流而不止，与万物终始。风兴云蒸，事无不应；雷声雨降，并应无穷；鬼出电入，龙兴鸾集；钧旋毂转，周而复匝。已雕已琢，还反于朴。无为为之而合于道，无为言之而通乎德；恬愉无矜而得于和，有万不同而便于性；神托于秋豪[2]之末，而大与宇宙之总。其德优天地而和阴阳，节四时而调五行；呴谕覆育，万物群生；润于草木，浸于金石；禽兽硕大，豪毛润泽；羽翼奋也，角觡生也；兽胎不，鸟卵不毈；父无丧子之忧，兄无哭弟之哀；童子不孤，妇人不孀；虹霓不出，贼星不行。含德之所致也。

注释

①二皇：古代传说中的伏羲和神农。谓天皇、地皇。

②秋毫：秋天鸟兽身上新长的细毛，后用来比喻最细微的事物。

译文

在上古时期的伏羲、神农两位先皇，领悟了大道的精髓，傲立于天地之间，融合了精神和造化，安抚着天下四方。所以，他们能够管控天地的运行，就像轮子永无休止地转动、水流奔腾不息，和天地万物相始终。就像风起对应云涌，雷鸣相应降水，如鬼出电入般无踪影，像龙凤般兴集，像钧器和车毂一样无休止地运行。那些已经经过雕琢的，就返还到最初的质朴。顺应自然地发展来契合道，质朴无华的言论来符合德。恬静愉悦没有焦躁，就可以达到和，包容一切变化而顺应各自的天性。精神能寄托在细微之处，也能容纳到宇宙中。这两位先皇的德行超越天地、柔和阴阳，能够调节四季的变化和五行的秩序，能够滋养草木万物生长，能够浸润金石。禽兽体型硕大，毛发润泽光亮，羽翼丰满健壮，角觡能够及时长出，走兽和飞禽能够顺利繁衍。父亲没有丧子的担忧，兄长没有失去胞弟的悲哀，没有孤儿和寡妇的存在，不出现灾难的天象。所有的这些，都是由于两位先皇心怀圣德所导致的。

原文

是故[①]大丈夫恬然无思，澹然无虑；以天为盖，以地为舆[②]，四时为马，阴阳为御；乘云凌霄，与造化者俱；纵志舒节，以驰大区；可以步而步，可以骤而骤；令雨师洒道，使风伯[③]扫尘；电以为鞭策，雷以为车轮；上游于霄雿之野，下出于无垠之门。刘览遍照，复守以全；经营四隅，还反于枢。故以天为盖，则无不覆也；以地为舆，则无不载也；四时为马，则无不使也；阴阳为御，则无不备也。是故疾而不摇，远而不劳，四支不动，聪明[④]不损，而知八纮九野之形埒者，何也？执道要之柄，而游于无穷之地。

注释

①是故：因此、所以。

②舆：车中装载东西的部分，泛指车。

③风伯：指风神，又称风师、飞廉、箕伯等，是人面鸟身的天神。

④聪明：指耳朵和眼睛。

译文

所以修道的人恬静安然，没有思虑烦忧的事情。他们飘逸自然，把天当作车篷，把地作为行驶的车，把司机当作马匹，把阴阳当成驾车的车夫。他们乘坐着白云在九霄之间穿梭，与造化同行；放任思绪自由奔驰在天地之间；可以想慢行就慢行，想疾驰就疾驰；可以让风雨作为清道夫，让电充当马鞭，雷作为车轮；向上，可以飞驰在悠远的天际，向下可以穿越没有边界的门。俯仰天地万物，却始终保持纯粹；穿梭在四方，却还能找回原本的道体。所以，将天作为车盖，就没有什么能够不被笼罩的；把大地作为车就没有什么不被囊括的；把四季当成健壮的马匹，就没有什么是不能被驾驭的；把阴阳作为驾车的车夫，就没有什么是不具备的。所以疾驰却能保持平稳，远行却不会感到疲惫，身体不会感到疲劳，耳目不会受到损伤，就能知道九州大地的界限所在，这是为什么呢？这是因为掌握了道的根本，这样就能畅游在无穷的天际之间了。

原文

是故天下之事不可为也，因其自然而推之；万物之变不可究[①]也，秉其要归之趣。夫镜、水之与形接也，不设智故，而方、圆、曲、直弗[②]能逃也。是故响不肆应，而景不一设，叫呼仿佛，[illegible]然自得。

注释

①究：探究。

②弗：表否定，相当于“不”。

译文

所以天下的很多事情是不能人物改变的，需要顺应自然的规律去推动事情的发展；万物的变化是不能通过智慧去探究的，需要按照事物的发展变化去把握它。镜子和水之所以能够反映物体的形态，没有巧妙的设置，方、圆、曲、直等形态也不能逃出它的掌控。回音也不特意安排的，影子也不是特意设置的，这些促使自然而然就会出现的情况。

原文

昔者夏鲧[①]作九仞之城，诸侯背之，海外有狡心。禹知天下之叛也，乃坏城平池，散财物，焚甲兵，施之以德，海外宾伏，四夷纳职，合诸侯于涂山，执玉帛[②]者万国。故机械之心藏于胸中，则纯白不粹，神德不全[③]，在身者不知，何远之所能怀？是故革坚则兵利，城成则冲生，若以汤沃沸，乱乃逾甚。是故鞭噬狗，策[④]蹄马，而欲教之，虽伊尹、造父弗能化。欲害之心亡于中，则饥虎可尾，何况狗马之类乎？

注释

①鲧：传说为尧舜时代的部落首领。禹的父亲。由四岳推举，奉尧命治水，九年未成，被殛于羽山。

②玉帛：指带有玉室标记“饕餮纹”的玉器和像藏族哈达那样的白色丝巾，在古代是“诸侯亲如兄弟、大家共尊天子”的表示物，用作诸侯国之间、诸侯与天子之间见面时互赠的礼物。在古代与“干戈”相对，是和平共处的表征。

③全：完整、完美。

④策：（动）鞭打；鞭策。

译文

以前鲧曾经通过修建高为九仞的城墙来防御，但最终还是诸侯反叛，四海之内的国家都存在狡诈之心。大禹看到这种情况，就下令将城墙拆掉，填平保护城池的护城河，将财物散发给百姓，烧掉所有的兵甲，并施以教化，结果天下臣服，纷纷进行纳贡。大禹在涂山会见了带着玉帛前来进献的诸侯。因而只要心中藏有一点奸诈之心，就无法保持纯白的道，神德也就不完美了。这样一来，处理自身都不行，怎么还能期望感化远方的人呢？所以，皮革铠甲坚硬了，也就意味着增加了兵器的锋利成都，只要筑起高高的城墙，就会随即产生攻城的冲车，就好比在沸水中加入开水一样，会沸腾得更加剧烈。所以，通过鞭打咬人的狗和踢人的马来教化它们，即使是伊尹、造父也不能做到啊。心中不存在害人的念头，就是饿虎也能追随，更何况是狗、马这类的呢？

原文

是故达于道者，反于清静；究于物者，终于无为。以恬养性，以漠处神，则入于天门。所谓天者，纯粹朴素，质直皓白，未始有与杂糅者也；所谓人者，偶睦智故，曲巧伪诈，所以俯仰于世人而与俗交者也。故牛岐蹄而戴角，马被髦而全足者，天也；络马之口、穿牛之鼻者，人也。循天者，与道游者也；随人者，与俗交者也。夫井鱼不可与语大，拘于隘也；夏虫不可与语寒，笃于时也；曲士[①]不可与语至道，拘于俗、束于教也。故圣人不以人滑[②]天，不以欲乱情；不谋而当，不言而信，不虑而得，不为而成；精通于灵府，与造化者为人。

注释

①曲士：即乡曲之士。比喻孤陋寡闻的人。

②滑：通“汩”，淆乱的意思。

译文

所以那些达到大道的人，能够返回到清静的天性；探究事物本性的人，最终回归到了无为的境界。用恬静的心态滋养生命，以淡漠修炼精神，就可以进入到自然地境界。所谓“天然”，就是纯粹的朴素，质直皓白，没有一点杂质夹杂在其中。所谓“人为”，就是指那些邪佞狡诈虚伪的人，特意阿谀奉承，混迹于世。所以牛蹄上会分趾、头上会长角，马蹄完整而颈上生鬃，这就是天然；而用马笼头络着马嘴，用绳子穿过牛鼻，这就是人为。遵循着天然就会与道一同遨游；顺从人为就一定要和世俗相交。井中的小鱼，是没有办法和它谈论的大海的广阔的，这是由于它的环境所限制；生活在夏季的虫，没有办法与它谈论寒冬，是因为它受制于季节的变化；孤陋寡闻的书生，无法谈论大道的道理，这是因为他束缚在习俗、教义下。所以，圣人是不会以人为的事去干扰天然的，也不会因为自己的私念而扰乱本性；不用谋划就能处理好事情，不必信誓旦旦就可以立下诚信的名誉，不必要太多的思虑就能得心应手，不必大动干戈就能大功告成；这些都是以为他的精气与心灵合而为一，与大道共存。

原文

昔舜耕于历山，期年而田者争处垸埆①，以封畔肥饶相让；钓于河滨，期年而渔者争处湍濑，以曲限深潭相予。当此之时，口不设言，手不指麾，执玄德于心，而化驰若神。使舜无其志，虽口辩而户说之，不能化一人。是故不道之道，莽乎大哉②！夫能理三苗，朝羽民，徙裸国，纳肃慎③，未发号施令而移风易俗者，其唯心行者乎！法度刑罚何足以致之也？

注释

①垸埆（qiāo què）：形容土地非常贫瘠。

②哉：语气助词，表示感叹的语气，相当于“啊”。

③肃慎：中国古代东北民族，是现代满族的祖先。亦作“息慎”、“稷慎”。传说舜、禹时代，已与中原有了联系。

译文

以前舜在历山亲自耕作，一年之后，历山的人们纷纷丢弃掉肥沃的土地，而去争抢那些贫瘠的土地；舜在江边钓鱼，一年之后，渔民们开始转移到水流湍急的地方，搁置了那些河湾和深潭。当时，舜没有进行无休止的说教，也没有对这些人指手画脚，而是通过自己的德行和无为让人们受到感化。假如没有这种信念，舜即使巧舌如簧，挨家挨户说教，也不能教化一个人。因此，不可言说的道，真的是能量无边呀！舜帝能治理三苗之乱，使羽国前来觐见朝拜，改变裸国的习俗，接纳肃慎，没有下达任何命令就已经改变这些风俗，大概就是道德信念吧！如果仅仅依靠法度来刑罚，哪能收到这样的效果呢？

原文

是故圣人内修其本，而不外饰其末，保其精神，偃其智故，漠然无为而无不为也，澹然无治也而无不治也。所谓无为者，不先物为也；所谓无不为者，因物之所为。所谓无治也，不易自然也；所谓无不治者，因物之相然也。万物有所生，而独知守其根；百事有所出，而独知守其门。故穷无穷，极无极；照物而不眩[①]，响应而不乏，此之谓天解。

注释

①眩：迷惑、眩惑、祸乱。

译文

所以圣人通常非常注重自己内心的修养，而不在乎外表装饰之类的小节，保全精神，去除奸巧，静默无为按照自然规律处理事情，没有处理不了的事情，坦然不去刻意，反而治理好了。所谓无为，就是顺应事物的本性；所谓无所不能，就是遵循事物的规律。所谓不去治理，就是按照事物发展的规律本性治理；所谓没有什么治理不好，是指顺应于事物的必然性。万物都有其产生、生存的根本，事情都有其发展的规律，就能掌握住最关键的东西。所以探究无穷事物，照观事物而不会眩惑，顺应却不会出现困乏的情况。这就叫知晓天然。

卷二　俶真

原文

夫鱼相忘于江湖，人相忘于道术。古之真人[①]，立于天地之本，中至优游，抱德炀和，而万物杂累焉，孰[②]肯解构[③]人间之事，以物烦其性命乎？

注释

①真人：指古代道家、道教把修真得道，洞悉宇宙和人生本原，真真正正觉醒，觉悟的人称之为真人。

②孰：代词。谁，哪个。

③解构：即“邂逅”，指不期而遇或者偶然相遇。

译文

共同生活在江河之中的鱼类可以彼此以往，人如果能往来于大道之中，也不需要彼此间的交往。古代的真人，立足于天地之间的根本，中正平和，优游自得，持抱至德，炙于和气，万物在无形之中自行进行积累，谁愿意去干预人间的各种繁杂之事，让外界事物庸扰到自己的本性和生命呢？

原文

夫道有经纪条贯，得一之道，连千枝万叶。是故贵有以行令[①]，贱有以忘卑，贫有以乐业，困有以处危。夫大寒至，霜雪降，然后知松柏之茂也；据难履危，利害陈于前，然后知圣人之不失道也。是故能戴大员者履大方，镜太清者视大明，立太平者处大堂，能游冥冥[②]者与日月同光。是故以道为竿，以德为纶，礼乐为钩，仁义为饵，投之于江，浮之于海，万物纷纷，孰非其有？

注释

①行令：发布命令，发号施令。

②冥冥：本指自然界的幽暗深远，这里指道。

译文

道的脉络条理非常清晰，只要把握这个道，就能接连所有的枝叶。所以只要得了道，尊贵人借以发号施令，低贱的人忘却自卑，贫穷的安于天命，困厄时淡定处。当寒冬来临的时候，霜雪铺地，才凸显出了松柏的不凋；处境危困，所有利害关系摆在面前的时候，才能看出圣人不弃“道”的本性。所以，头顶青天的人可以脚踏大地，以天道当作明镜才可以做到明察秋毫，身处在太平盛世才能安心坐在明堂之上，与天道同游会像日月一样光会永存。所以将大道当成钓竿，用德作为丝线，把礼乐当成钓钩，将仁义作为钓饵，放置于江湖当中，漂浮在海上，万物纷纷前来，谁能逃脱呢？

原文

若然者，偃其聪明，而抱其太素，以利害为尘垢，以死生为昼夜。是故目观玉辂琬象[①]之状，耳听《白雪》[②]清角[③]之声，不能以乱其神；登千仞之溪，临蝯眩之岸，不足以滑其和。譬若钟山之玉，炊以炉炭，三日三夜而色泽不变。则至德天地之精也。

注释

①玉辂琬象：玉辂：古代帝王所乘之车，以玉为饰。琬象：指美玉与象牙。

②白雪：汉族古琴名曲。相传为春秋时期师旷所作。

③清角：角是古代五音之一，古人以为角音清，故曰清角。

译文

这种人抛弃聪明，怀抱质朴，视利害关系如尘土一般，视生死就像朝夕更迭。所以他们即使看见了美玉象牙，聆听着《白雪》之声，也不会因为这些而左右了他们心中的恬静；登临高为上千仞的悬崖，靠近让猿猴都会眩晕的峭壁，也不会扰乱心志的平和。就像是钟山出产的美玉，在炭炉当中炙烤三天三夜，也不会改变它的形态和色泽。原因就是他们领悟到了天地的精华。

原文

是故生不足以使之，利何足以动之；死不足以禁之，害何足以恐之！明于死生之分①，达于利害之变，虽以天下之大，易骭之一毛②，无所概于志也。

注释

①分：关系。

②骭；指肋骨或小腿骨。

译文

所以，对于这类人来说，生不足以诱惑，利也不能撼动；死不足以威胁禁锢到他，灾害更没有办法恐吓住他。明白了生死、利害之间的关系，即使用天下来换取他腿上的一根汗毛，都无法触动到他的心。

原文

至德之世，甘瞑于溷涃①之域，而徙倚于汗漫之宇，提挈天地而委万物，以鸿濛为景柱②，而浮扬乎无畛崖之际。是故圣人呼吸阴阳之气，而群生莫不颙颙然仰其德以和顺。当此之时，莫之领理决离，隐密而自成。浑浑苍苍，纯朴未散，旁薄为一，而万物大优。是故虽有羿之知③而无所用之。

注释

①溷涧：没有边际，形容无边无际。

②景柱：即影表、即圭表，俗称量天尺，古代的一种天文仪器，用来测度太阳的影子。

③知：通“智”，智慧，才智。

译文

在道德最为神圣纯真的时代，人们在混沌虚无的地域中沉睡，在浩瀚的宇宙中遨游，在天地运行中掌握并舍弃着万物，把鸿濛作为圭表，飘浮一望无际的地方。所以，圣人在吞吐阴阳的期间，人们就自然而然地归附仰慕他。那时候，没有人可以去治理这个世界，但是人和万物都在无息无声地发展。混沌而无形，保留着最为淳朴的道德，磅礴成为一体，万物悠游。所以，虽然拥有后羿的智慧，也用不上。

原文

及世之衰也，至伏羲氏，其道昧昧芒芒然，吟德怀和，被施颇烈，而知乃始昧昧晽晽，皆欲离其童蒙之心，而觉视于天地之间，是故其德烦而不能一。及至神农①、黄帝②，剖判大宗，窍领天地，袭九窾，重九埑，提挈阴阳，嫥捖③刚柔，枝解叶贯万物百族，使各有经纪条贯。于此万民睢睢盱盱然，莫不竦身而载听视。是故治而不能和。下栖迟至于昆吾④、夏后之世，嗜欲连于物，聪明诱于外，而性命失其得。

注释

①神农：即炎帝，烈山氏，又称赤帝，中国远古时期的部落首领，华夏始祖之一，传说中五天帝之一，与黄帝并称为中华始祖。

②黄帝：古华夏部落联盟首领，中国远古时代华夏民族的共主。五帝之首。

③嫥捖：调和。

④昆吾：夏朝的一个部落名。

译文

等到世道衰落的时候，到伏羲氏时期，治理天下的大道仍然处于茫然的一种状态，饱含了高深的道德和中和之气，广布恩泽，但人们的智慧已经开始悄悄地出现，似乎有什么知道的似的，此后慢慢丧失了童稚，观察天地间存在的万物，所以，伏羲氏的治术总是没有办法专一起来。到了神农、黄帝时期，大道的根本开始出现了分支，通过顺应自然、掌控阴阳、调和刚柔，把世间的万物全部贯穿在一起。这样，人们张大眼睛、仰视盯着君王发布命令，看着君王的脸色变化。所以神农、黄帝时期的国家被治理得很好，但是百姓之间的关系却并不融洽。接着到了昆吾、夏后的时代，人的好恶都深受外界的干扰和引诱，从而失去了天性和道德。

原文

施及周室之衰[①]，浇淳散朴，离道以伪，俭德以行，而巧故萌生。周室衰而王道废，儒、墨乃始列道而议，分徒而讼。于是博学以疑[②]圣，华诬以胁众，弦歌鼓舞，缘饰《诗》《书》，以买名誉于天下。繁登降之礼，饰绂冕之服，聚众不足以极其变，积财不足以赡其费。于是万民乃始懢[③]觟[④]离跂，各欲行其知伪，以求凿枘于世而错择名利。是故百姓曼衍于淫荒之陂，而失其大宗之本。夫世之所以丧性命，其衰渐以然，所由来者久矣。

注释

①施：延续。

②疑：通“拟”

③懢：通“颟”，不明事理。

④觟：通“憰”，背离。

译文

等到周王朝衰落之后，淳朴的风气日渐消散，道德背离正道，行为偏离德性，奸佞狡诈随之出现。周王室的衰直接导致了王道的废弛，儒、墨两家开始兴起，弘扬自己的学说，集聚门徒进行是非的辩论。于是各家学派凭借博学妄自比拟圣人，其实只不过是用花哨的言辞来蒙蔽百姓。他们施行礼乐，以《诗》《书》等古典来提升文化品位，希望可以赢得天下的名誉。同时，他们还制定并施行了繁杂的礼节，装饰绂冕礼服，征集百姓服劳役，集聚着大量的财宝来满足自己奢侈的欲望。上行下效，百姓们也开始跟风追随这种风气，他们自以高明，玩弄手段，迎合世俗，获取点滴名利。所以，这个时期的人们都在邪道之上，背离了道德根本。世人丢掉了淳朴的天性，看来已经很久了。

原文

是故圣人之学也，欲以返性于初而游心于虚也。达人之学也，欲以通性于辽廓而觉于寂漠也。若夫俗世之学也则不然，擢德攓①性，内愁五藏，外劳耳目，乃始招蛲②振缱物之豪芒，摇消掉捎仁义礼乐，暴行越智于天下，以招号名声于世，此我所羞而不为也。

注释

①攓：同“搴”，拔出，取出。

②招蛲：这里指纠缠不清的样子。

译文

所以圣人们想要通过学习，让心回归到最初的质朴状态，遨游在虚无的境界中。达人学习，想要使心通往更为广阔的天地，在寂静淡漠中觉醒。但是，寻常人们就不是这样了。人们不仅德性却失，心胸杂乱，耳目损伤，总是着眼于蝇头小利，为了推行仁义礼乐而奔走忙碌，以求获得更高的声誉，这是让我感到羞耻，不愿意涉及的事情。

原文

故古之治天下也，必达①乎性命之情，其举错②未必同也，其合于道一也。夫夏日之不被裘者，非爱之也，暖有馀于身也；冬日之不用翣者③，非简之也，清有馀于适也。夫圣人量腹而食，度形而衣，节于已而已，贪污之心奚由生哉？故能有天下者，必无以天下为也；能有名誉者，必无以趋行求者也。圣人有所于达，达则嗜欲之心外矣。孔、墨之弟子，皆以仁义之术教导于世，然而不免于儡④。身犹不能行也，又况所教乎？是何则？其道外也。夫以末求返于本，许由不能行也，又况齐民乎？诚达于性命之情，而仁义固附矣，趋舍何足以滑心？

注释

①达：下达。

②错：通“措”。

③翣：遮风遮光用的立式大羽毛扇。

④儡：通“羸”。

译文

所以，古代的圣贤们管理天下，下达的命令一定通达情理，治国的举措或许不同，但是都符合大道。夏天不穿皮衣，不是因为太爱惜了，而是因为温度饱和了；冬天不用扇子，不是因为看不上它，是因为寒冷本身就超出了人体的极限。圣人根据自己的情况决定饭量，根据自己的身形裁衣穿衣，克制自己的物欲，合适就好了，怎么还会出现贪婪之心呢？因此，能够持有天下者，一定不把天下作为自己的最终目标；能够享有名誉者，一定不是依靠奔波劳碌来追求的。圣人能够于道相通，嗜欲之心也就因此而被排斥了。孔子和墨子的弟子们拿着仁义道德去教导世人，避免不了失败。自身都做不到，怎么去教导别人呢？这是因为什么呢？因为他们的学说只是停留在事物的表面。用皮毛末节去归返根本，许由那样的高人都做不到，更何况是普通的百姓呢？如果真能通达性命之情，那么仁义就会随时存在，又如何能够扰乱人心呢？

原文

古之圣人，其和愉宁静，性也；其志得道行，命也。是故性遭命而后能行，命得性而后能明。乌号之弓，溪子之弩，不能无弦而射；越舲蜀艇，不能无水而浮。今缯缴机而在上，罡罟①张而在下，虽欲翱翔，其势焉得？故《诗》[②]云：“采采卷耳，不盈倾筐。嗟我怀人，置彼周行。”以言慕远世也！

注释

①罡罟：同“网罟”。

②诗：《诗经》，这里出自《诗经·周南·卷耳》

译文

古时候的圣人，天性就是和愉宁静；但是志向是否能够得以实现，却取决于他的命运。因此，天性和好运在一起才能实现，好时事需要通过拥有宁静天性的人才能表现出清明。这就好比乌号弓、溪子弩等和弦是离不开的，有了弦才能发射；也如同越国的小船和蜀地的小艇，只有于水上才能漂浮。如果带有丝绳的利箭在空中乱窜，网罟胡乱撒在川泽中，鸟兽尽管想飞翔奔走，但是环境条件又不允许，所以《诗》里说：“采摘卷耳野菜，采来采去不满箩筐。怀念远方的人，箩筐放在大路旁。”这是说思慕远古的清明世道啊！

卷三 天文

原文

天有九野，九千九百九十九隅，去地五亿万里；五星[①]、八风[②]、二十八宿、五官、六府、紫宫[③]、太微、轩辕、咸池、四守、天阿。

注释

①五星：即岁星、荧惑、镇星、太白、辰星。

②八风：指条风、明庶风、清明风、景风、凉风、阊阖风、不周风、广莫风。

③紫宫：在古代中国，人们认为紫薇垣位于天的最高处，共有恒星15颗，这组恒星被认为是天帝所居的宫殿，称为紫宫。

译文

天可以分成九个区域，一共存在九千九百九十九个小的区域，距离大地有五亿万里；天上有五星、八风、二十八宿、五官、六府，以及紫宫、太微、轩辕、咸池、四守和天阿等星座。

原文

何谓九野？中央曰钧天[①]，其星角、亢、氐。东方曰苍天，其星房、心、尾。东北曰变天，其星箕、斗、牵牛。北方曰玄天，其星须女、虚、危、营室。西北方曰幽天[②]，其星东壁、奎、娄。西方曰颢天，其星胃、昴、毕。西南方曰朱天，其星觜嶲、参、东井。南方曰炎天，其星舆鬼、柳、七星。东南方曰阳天，其星张、翼、轸。

注释

①钧天：钧天是古代汉族神话传说中天帝住的地方。

②幽天：也为西北方的别称。

译文

天的九大区域包括什么？居于最中央的为钧天，分布着角、亢、氐三宿。居于东方的为苍天，分布着房、心、尾三宿。东北方位为变天，包含箕、斗、牵牛三宿。北方叫玄天，包含着须女、虚、危、营室四宿。西北方位为幽天，分布着东壁、奎、娄三宿。西方为叫颢天，分布胃、昴、毕三宿。西南方位的叫朱天，分布着觜寓、参、东井三宿。南方方位的叫炎天，分布着舆鬼、柳、七星三宿。东南方位的叫阳天，分布着张、翼、轸三宿。

原文

何谓五星？东方，木也，其帝太皞[①]，其佐句芒，执规而治春。其神为岁星，其兽苍龙，其音角，其曰甲乙。南方，火也，其帝炎帝，其佐朱明[②]，执衡而治夏。其神为荧惑，其兽朱鸟，其音徵，其曰丙丁。中央，土也，其帝黄帝，其佐后土[③]，执绳而制四方。其神为镇星，其兽黄龙，其音宫，其曰戊己。西方，金也。其帝少昊，其佐蓐收[④]，执矩而治秋。其神为太白，其兽白虎，其音商，其曰庚辛。北方，水也，其帝颛顼，其佐玄冥[⑤]，执权而治冬。其神为辰星，其兽玄武，其音羽，其曰壬癸。

注释

①太皞：也作太皓、太昊、伏羲。

②朱明：朱明是汉族传说中的火神祝融。

③后土：后土皇地祇，又称厚土娘娘。

④蓐收：古代汉族神话传说中的秋神，左耳有蛇，乘两条龙。

⑤玄冥：中国古代汉族神话传说中主要指神的名字，如水神、冬神、北方之神等。

译文

五星指什么？东方是木星，太皞是天帝，句芒为大臣，掌管春季。岁星是东方的守护神，苍龙为代表兽，角为代表音，曰干用甲乙。南方是火星，炎帝为天帝，朱明为大臣，朱明手握衡器管理夏季。荧惑为南方的守护神，以朱鸟为代表兽，徵为代表音，曰干用丙丁。中央是土星，黄帝是它的天帝，后土为大臣，手握绳墨治理着四方八界。中央的守护神是镇星，黄龙为代表手，宫为代表音，曰干用戊己。西方是金星，少昊为天帝，蓐收为大臣，蓐收执掌矩尺掌控着秋季。西方的守护神是太白，以白虎为代表兽，以商为代表音，曰干用庚辛。北方是水星，颛顼为天帝，玄冥为大臣，玄冥掌握权器负责冬季。辰星是北方的守护神，玄武为代表兽，羽为代表音，曰干用壬癸。

原文

太阴在四仲①，则岁星行三宿；太阴在四钩②，则岁星行二宿。二八十六，三四十二，故十二岁而行二十八宿。日行十二分度之一，岁行三十度十六分度之七，十二岁而周。荧惑③常以十月人太微，受制而出行列宿，司无道之国，为乱为贼，为疾为丧，为饥为兵；出入无常，辩变其色，时见时匿。镇星④以甲寅元始建斗，岁镇行一宿。当居而弗居，其国亡土；未当居而居之，其国益地，岁熟。日行二十八分度之一，岁行十三度百一十二分度之五，二十八岁而周。太白元始以甲寅正月，与营室晨出东方，二百四十日而入，人百二十日而夕出西方，二百四十日而入，入三十五日而复出东方。出以辰戌，入以丑未。当出而不出，未当入而入，天下偃兵；当人而不入，未当出而出，天下兴兵。辰星⑤正四时，常以二月春分效奎、娄，以五月夏至效东井、舆鬼⑥，以八月秋分效角、亢，以十一月冬至效斗、牵牛。出以辰戌，入以丑未，出二旬而入。晨候之东方，夕候之西方。一时不出，其时不和；四时不出，天下大饥。

注释

①四仲：古代天文学名词。指十二辰的卯、酉、子、午。

②四钩：即丑寅、辰巳、未申、戌亥

③荧惑：即火星。

④镇星：即土星。

⑤辰星：即水星。

⑥舆鬼：即鬼宿。二十八宿中南方七宿之一。

译文

太阴在“四仲”时，岁星的运行都会经过“仲”的三宿；太阴在“四钩”时，岁星会经过每一辰的两个宿。二八一十六，三四一十二，所以太阴在12年间会走完二十八宿。$\frac{1}{12}$度是岁星每天的运行度数，一年运行$30\frac{7}{16}$度，十二年完成一周天$365\frac{1}{4}$度的环绕。荧惑星一般会在十月份进入太微垣，在天帝的命令下巡视众星，监察没有大道之理的国家，从而出现动荡、灾难、疾疫、死亡、饥荒和战争；荧惑星的出入没有固定的规则，并不断改变颜色和零度，有时候出现有时候就会藏匿起来。镇星在甲寅年正月开始从斗宿运行，一年只能巡行一宿。如果它本来应该处于某个星宿的位置，但是却没有出现，说明它代表分野的国家就会遭遇丧失领土的灾难；如果出现在本不应该出现的位置，那么这个分野的国家领土就会扩大。镇星每天都会运行$\frac{1}{28}$度，一年运行$13\frac{5}{112}$度，二十八年可以完成一个周天的环绕。太白金星在甲寅年正月和营室宿在早晨，会一起出现在东方，240天后会慢慢消失，再过120天后的傍晚，会再次出现在西方，240天后它又消失，这次消失35天后就会在东方出现。它出现时在辰位或戌位，消失时是在丑位或未位。如果它没有出现在本应出现的位置，说明天下兵戈会停止；如果它的出现和消失时间出现了混乱，则说明天下战火纷飞。通过辰星的运行可以判断四季的变化。辰星一般在二月春分时出现在奎、娄二宿，五月夏至时出现在东井、舆鬼二宿，八月秋分时出现在角、亢二宿，十一月冬至时出现在斗、牵牛二宿。出现时，辰星是在辰、戌二辰的方位，消失时会在丑、未的方位，出现20天左右的时间就会消失。清晨在东方候望，傍晚在西方候望。如果那个季节辰星没有按时出现，则说明这个季节哪一季节不调和；如果四季它都没有出现，则说明天下要出现粮灾了。

原文

何谓八风？距日冬至[①]四十五日，条风至；条风至四十五日，明庶风至；明庶风至四十五日，清明风至；清明风至四十五日，景风至；景风至四十五日，凉风至；凉风至四十五日，阊阖风至；阊阖风至四十五日，不周风至；不周风至四十五日，广漠风至。条风至则出轻系，去稽留[②]；明庶风至则正封疆，修田畴；清明风至则出币帛，使[③]诸侯；景风至则爵有德，赏有功；凉风至则报地德[④]，祀四郊；阊阖风至则收县垂，琴瑟不张；不周风至则修宫室，缮边城；广漠风至则闭关梁[⑤]，决刑罚。

注释

①冬至：二十四节气中最早制订出的一个，时间在每年的公历12月21日至23日之间。

②稽留：停留，迁延，文中意为拘留、关押。

③使：出使。

④地德：大地的德化恩泽。

⑤关梁：关卡和桥梁。

译文

八风是什么？从冬至以后45天，到立春来之前的风是条风；条风后45天，到春分时是明庶风；明庶风到后的45天，在立夏时的风为清明风；清明风到后45天，到夏至时是景风出现；景风到后45天，到立秋时为凉风；凉风到后45天秋分时，来到的风是阊阖风；阊阖风到后45天，到立冬时来到的是不周风；不周风到后45天，到冬至时为广莫风到。条风来临，预示着需要将牢狱中的轻罪囚犯释放；明庶风来临，就需要对疆域田地进行休整；清明风来临，需要派出使者，带着币帛前往诸侯处进行慰问；景风来临，就要对有功德的人进行封赏；凉风来临，需要回馈大地的恩泽，祭祀四方神灵；阊阖风来临，需要收起舞乐器具，停止演奏；不周风来临，适宜整修宫室和边疆城池；广莫风来临，需要将关卡和桥梁关闭，解决积压的案件和执行刑罚。

原文

何谓五官？东方为田，南方为司马，西方为理，北方为司空，中央为都[①]。

何谓六府？子午、丑未、寅申、卯酉、辰戌、巳亥是也。

注释

①都：总，总；汇总，引申为掌管四方的首领。

译文

五官是什么？东方的木星是田官，负责掌管农事，南方的火星是司马，主要负责掌管军事，西方的金星是理官，主要掌管刑法，北方的水星是司空，负责土木建筑，中央的土星是其余四官的首长。

什么是六府？六府就是与十二辰相配的子午、丑未、寅申、卯酉、辰戌和巳亥。

原文

太微者，太一之庭也[①]。紫宫者，太一之居也。轩辕者，帝妃之舍也。咸池[②]者，水衡之囿也。天河者，群神之阙也。四守[③]者，所以守司赏罚。太微者，主[④]朱雀。紫宫执斗而左旋，日行一度，以周于天。日冬至峻狼之山[⑤]，日移一度，凡行百八十二度八分度之五，而夏至牛首之山[⑥]，反覆三百六十五度四分度之一而成一岁。天一[⑦]元始，正月建寅，日月俱入营室五度。天一以始建七十六岁，日月复以正月入营室五度无馀分，名曰一纪[⑧]。凡二十纪，一千五百二十岁大终[⑨]，日月星辰复始甲寅元。日行一度，而岁有奇四分度之一，故四岁而积千四百六十日，而复合故舍；八十岁而复故日。

注释

①太微：即太微垣，在北斗之南，轸宿和翼宿的北面。

②咸池：在五车中，天潢南，鸟鱼所在地。

③四守：即紫微、轩辕、咸池、水鱼

④主：掌管。

⑤峻狼之山：指北斗星至冬至时斗柄指向南极之山。

⑥牛首之山：指夏至时斗柄指向北极牛首之山。

⑦天一：即北极星。

⑧纪年的单位，为76岁。

⑨大终：即一个周期。

译文

天帝的官廷是太微垣。天帝的居室是紫微官。嫔妃的官室位于轩辕。水神的鱼池便是咸池。天河来承当群神的城墙。四守是奖赏惩罚的主管。太微主宰朱雀。紫微官执掌北斗让它向左旋转，每天运行一度，每年环绕一周天。冬至时位于峻狼山这方位，每天移动一度，一共运行一百八十二又八分之五度时，夏至日正好到达牛首山这方位，然后返回三百六十五又四分之一度，正好用一年的时间。在斗柄指向寅的正月初一晨旦便开始了太岁纪年，在营室宿五度的部位是日月同现的时间。太岁纪年起再过七十六年，在正月初一晨旦，日月同现于营室宿五度的部位，又到了历元的开始，这就是“一纪”。运行二十纪，即把一千五百二十年叫做“大终”，这时，日月和星辰又回复到以甲寅年作为纪年的元年位置。北斗每天一度，一年就有四分之一的余数，所以四年的时间就积累一千四百六十一天，北斗星可以到达原来的宿位，经过八十年，又回复到最初的日子上。

原文

日冬至则水从之，日夏至则火从之，故五月火正而水漏，十一月水正而火胜[①]。阳气为火，阴气为水，水胜故夏至湿，火胜故冬至燥。燥故炭轻，湿故炭重。日冬至，井水盛，盆水溢；羊脱毛，麋角解，鹊始巢；八尺[②]之修，日中而景[③]丈三尺。日夏至而流黄泽，石精[④]出；蝉始鸣，半夏生；蚊虻不食驹犊，鸷鸟不搏黄口。八尺之表，景修尺五寸。景修则阴气胜，景短则阳气胜。阴所胜则. 为水，阳气胜则为旱。

注释

①火胜：指火气上升。

②八尺：测日影的表。

③景：同“影”。

④石精：一种五色的玉。

译文

冬至时阴水非常旺盛，但阳火也是相伴相随的，夏至时阳火处于旺盛时期，但与之相伴的是阴水。所以五月火气旺盛，还是有水汽渗漏的，十一月水汽旺盛，火气也随之上升。阳气为火，阴气为水。水汽升腾，所以夏至时空气湿润；火气上升，所以冬至时天气干燥。天气干燥，那么木炭不能吸水就变轻，空气潮湿，木炭吸水多就显得重。冬至时井水水位上涨，盆水溢出，羊脱毛，麋鹿长新角，鸟鹊开始筑巢。中午立八尺长的圭表，测出的日影有一丈三尺长。夏至时到处流黄水，石中的五色玉出现，蝉鸣叫，半夏长成，蚊虻还没叮马驹牛犊，猛禽也不对雏鸟进行捕杀。中午立八尺长的圭表，所测出的日影是一尺五寸长。日影长意味着阴气盛，并且日离地远，日影短意味着阳气盛而日离地近。阴气多雨水就多，阳气多容易出现干旱。

卷四　地形

原文

凡地形，东西为纬，南北为经。山为积德，川为积刑；高者为生，下者为死。丘陵为牡[①]，溪谷为牝[②]。水圆折者有珠，方折者有玉；清水有黄金，龙渊有玉英。

注释

①牡：雄性的鸟或兽，亦指植物的雄株，与“牝”相对。

②牝：本义是指鸟兽的雌性，与“牡”相对。

译文

但凡是标注地形的位置，东西方向都称为纬，南北方都叫作经。山大多都高峻，用来象征着宽厚的美德，水一直都处在流动之中，不知道停歇，象征着奸佞狡诈；高而向阳的地方，能够帮助万物更好地进行生长，低而阴暗的地方则会带给万物死亡的讯息。丘陵山峰因为地势高而呈现出一股阳刚的气魄，溪谷低洼由于地势而显现出一种阴柔美。水波中呈现圆转的区域可能其中出珍贵的珍珠，水势方正曲折的区域则会生产玉石；水质清澈的水中会蕴含着黄金，龙潭水质浑浊，可能有玉中的精品存在。

原文

土地各以其类生人。是故山气多男，泽气多女；障气多喑[①]，风气多聋；林气多癃，木气多伛，岸下气多尰；石气多力，险阻气多瘿[②]，暑气多天，寒气多寿；谷气多痹，丘气多尪[③]；衍气多仁，陵气多贪；轻土多利，重土多迟；清水音小，浊水音大；湍水人轻，迟水人重；中土多圣人。皆象其气，皆应其类。

注释

①喑：哑，不能说话。

②瘿：是发生于颈前区结喉两侧漫肿或结块性病变的总称，这里指粗脖子病。

③尪：指骨胳弯曲不正。

译文

土地的不同也会影响到人类的发展和生存。山中云气比较多，生男孩的也比较多，沼泽雾气严重，生产的女孩也比较多；湿热的瘴气可能会造成喑哑，太多的邪气则会造成耳聋；森林里面的瘴气会使人腿瘸，太多的林木之气，容易让人驼背，河岸之气过多会造成脚肿；居住在岩石遍布的地方，人们力气普遍比较大，生活在险阻地区的人罹患粗脖子病的比例比较高；暑热之气可以缩短人的寿命，寒冷的天气能够帮助人体更好地生长；山谷之气可以麻痹我们的肢体，丘陵之气会弯曲人的骨骼；平衍之气教会了人们如何仁爱，山陵之气诱使人变得贪婪。生活在松软土地上的人们，行动敏捷，而生活在贫瘠土地上的人们则行动不便，多迟钝；生活环境多清澈水流的地方，人的声音更加细柔清，浑浊水流地方的人们声音一般比较粗重；生活在水流湍急地方的人们，身体一般比较飘逸，而水流迟缓地域的人们，身体相对就要笨拙很多；地处九州中心，出现圣人的几率要大。总之，生活环境的地形、气候等都与人的身体心理特征息息相关。

原文

故南方有不死之草，北方有不释①之冰，东方有君子之国，西方有形残之尸。寝居直②梦，人死为鬼。磁石上飞，云母来水。土龙致雨，燕雁代③飞。蛤、珧、珠、龟，与月盛衰。

注释

①释：消除，消散。

②直，同“值”。

③代：替、替代。

译文

因此，南方存在着常绿的草，北方有终年不化的冰，东方有君子国，西方有夭残的尸体。睡觉过程中出现的梦境会成真，人死后会变成鬼。磁石能够吸引金属物质，云母可以集聚露水。土龙能够带来降水，燕子和大雁随着季节的变化而南来北去。蚌蛤、螃蟹、珍珠、乌龟等的都可以根据月亮的盈缺来出现各种变化。

原文

是故坚土人刚，弱土人胞；垆土人大，沙土人细；息土人美，耗土①人丑。食水者善游能寒，食土者②无心而慧，食木者多力而奰，食草者善走而愚，食叶者有丝而蛾，食肉者勇敢而焊，食气者神明而寿，食谷者知慧而夭，不食者不死而神。

注释

①耗土：瘠薄的土地。

②食土者：以黏土为生存媒介的生物，如蚯蚓类。

译文

生活在坚硬土地上的人们，性格比较刚毅，生活在松软土地上的人们性格相对腼腆一些；黑色土地上的人们，身形高大，沙土上的人们则个头矮小；生活在肥沃土地上的人们比较漂亮，贫瘠土地上的人们相对逊色，生得比较丑陋。食水的鱼类不仅善长游水，而且耐寒性很高，吃泥土的蚯蚓没有大脑却智商很高，啃木头的熊类脾气暴躁，力气大，食草的鹿类是奔跑能手，但是比较笨，蚕类吃桑叶，却能抽丝作茧化蝶而飞，虎豹鹰雕是食肉性动物，一般凶悍勇猛，食气的修道之人寿命比较长，食用五谷的人寿命不是很长，却有非常高的智商，至于什么都不吃的，只能说它不食人间烟火，已经成为神仙了。

原文

凡人民禽兽万物贞虫[①]，各有以生。或奇或偶，或飞或走，莫知其情，唯知通道者能原本之。

注释

①贞虫：昆虫。

译文

所以，只要是人类、飞禽、走兽等生物体，都有他们产生的缘由和适应环境的生存本领，或奇或偶、或飞或走，没有人知晓其中所蕴含的奥秘，只有达到“道”的人，才能参悟其中的本源。

原文

东方川谷之所注，日月之所出。其人兑形小头[①]，隆鼻大口，鸢肩企行[②]；窍通于目，筋气属焉[③]；苍色主肝，长大早知而不寿。其地宜麦，多虎豹。南方，阳气之所积，暑湿居之。其人修形兑上，大口决眦，窍通于耳，血脉属焉；赤色主心，早壮而夭。其地宜稻，多兕[④]象。西方高土，川谷出焉，日月入焉。其人面末偻，修颈卬行，窍通于鼻，皮革属焉；白色主肺，勇敢不仁。其地宜黍，多旄犀。北方幽晦[⑤]不明，天之所闭也，寒冰之所积也，蛰虫之所伏也。其人翕形短颈，大肩下尻，窍通于阴，骨干属焉；黑色主肾，其人蠢愚禽兽而寿。其地宜菽[⑥]，多犬马。中央四达，风气之所通，雨露之所会也。其人大面短颐，美须恶肥；窍通于口，肤肉属焉，黄色主胃；慧圣而好治。其地宜禾，多牛羊及六畜。

注释

①兑：通“锐”。

②鸢肩：形容两肩上耸，像鸱鸟栖止时的样子。

③焉：指目，眼睛。

④兕：上古瑞兽“兕”，状如牛，苍黑，板角。逢天下将盛，而现世出。

⑤幽晦：昏暗。

⑥菽：豆类的总称。

译文

东方是汇聚了河流溪水的地方，也是日月升起的方位。生活在这里的人们，个头比较小，鼻梁很高，嘴巴大，鹰肩，踮着脚走路；身体的七窍相通，筋络气血也和眼睛相互连接；东方属于青色，主管肝脏。这里生活的人们，高大聪明，但是寿命不长。这样的环境中适合种麦，虎豹集聚地也比较多。南方聚集和停滞了很多阳气和湿热。长期生活在这里的人们，体型修长，嘴巴比较大，燕窝深陷，七窍相通，血脉和耳朵相互连接；南方属赤色，主管人的心脏，这里的人们早熟，寿命不长。这个方位的土质适合种植稻类，犀牛、大象比较多。西方是高山高原，是很多河流的发源地，也是日月落下的地方。生活在这里的人们有点驼背，脖子又细又长，走路的时候喜欢高昂着头颅，身体的皮肤连通着鼻腔；西方属白色，主管肺脏，生活在这个区域的人们，勇猛邪恶，适宜种植黍子，旄牛犀牛生活的很多。北方幽暗不明，是天地闭合的地方，寒冰集聚，是遮藏动物的好地方。生活在这个区域的人们体形萎缩，脖子短，肩宽，骨骼的生长以及身体的各个孔窍都和阴部相互连接，并有不可忽视的重要作用；北方属于黑色，主管肾脏，生活在这个地域的让你们，寿命很长，但是智力不高。这里的土地适合种植豆类，动物以狗马为主。中部地区四通八达，这里的人们脸大，腮帮短，但是体型趋于肥胖，身体的各个部分连接着口腔，肌肉和口的作用也相关联；中央属黄色，主管胃部，生活在这里的人拥有很高的智商，善于治理国家，这里的土地适合种植五谷，牛羊和家畜类的动物比较多。

原文

正土之气也御乎埃天[①]，埃天五百岁生砄，砄五百岁生黄埃，黄埃五

百岁生黄澒，黄澒五百岁生黄金，黄金千岁生黄龙，黄龙入藏生黄泉②。黄泉之埃上为黄云，阴阳相薄③为雷，激扬为电，上者就下，流水就通而合于黄海。

注释

①正土：中央之土。

②黄泉：黄龙用自己体液汇聚而成。

③薄：接近。

译文

中央正土之气升到天空中变成黄色的云气。这种云气经过五百年变成砄石，砄石再经过五百年变化生成黄汞，黄汞再经过五百年变成黄金，黄金再经过一千年才孕育成黄龙，黄龙埋伏于地底下形成黄泉，黄泉的精微气尘蒸发升腾成为黄云。阴气和阳气在交接和逼迫中产生了雷鸣，撞击激烈就产生了闪电，高处的云气和低处的云气相遇，冷热气流相互交汇生成雨水，落到大地，汇集到河流最后流到黄海中。

原文

偏土之气御乎青天，青天八百岁生青曾，青曾八百岁生青澒，青澒八百岁生青金，青金千岁生青龙，青龙人藏生青泉，青泉之埃上为青云，阴阳相薄为雷，激扬为电，上者就下，流水就通而合于青海。

译文

东方偏土的气息上升到天上变成青天的云气，这云气再经过八百年的孕育就变成青曾，青曾再经过八百年的孕育就生成青汞，青汞再经过八百年的孕育就变成铅，铅再需要八百年的孕育就变成青龙，青龙埋伏在地下变成了青泉，青泉的精微气尘往上升腾成为青云。阴气和阳气在相互的压迫下生成了雷鸣，激烈撞击就生成了闪电，高处云气遇到低处的云气，冷热气流相互交接就形成了雨水，落回大地，便汇聚到河流中，最后流进青海。

原文

牡土之气御于赤天①，赤天七百岁生赤丹，赤丹七百岁生赤澒，赤澒七百岁生赤金，赤金千岁生赤龙，赤龙入藏生赤泉，赤泉之埃上为赤云。阴阳相薄为雷，激扬为电。上者就下，流水就通而合于赤海。

注释

①牡土：与牝土对应。

译文

南方的牡土之气升腾到空中，便产生了赤天的云气，这云气再经过七百年的孕育生成赤丹，赤丹再经过七百年的孕育生成赤汞，赤汞经过七百年的孕育生成了红铜，红铜再经过一千年的孕育变成赤龙，赤龙藏进地下变成了赤泉，赤泉的精微气尘蒸发升腾为赤云。阴气和阳气在相互的逼迫中产生了雷鸣，经过激烈的撞击形成了闪电，高处的云气和低处的云气相互侵入，冷热气流相互交汇形成了雨水，再回到大地上，汇聚到河流中，最后奔回到赤海中。

原文

弱土之气御于白天，白天九百岁生白礜①，白礜九百岁生白澒，白澒九百岁生白金，白金千岁生白龙，白龙入藏生白泉，白泉之埃上为白云，阴阳相薄为雷，激扬为电，上者就下，流水就通而合于白海。

注释

①白礜：古代炼制外丹的常用矿物原料。

译文

西方弱土之气升到空中形成白天的云气，这种云气再需要九百年的孕育就生成了白礜，白礜再需要九百年的孕育就生成了白汞，白汞再经过九百年的化育生成白银，白银再需要经过一千年的孕育就生成了白龙，白龙潜伏在地下之处形成白泉，白泉的精微气尘向上蒸腾成为白云。阴气和阳气在相互的交接和逼迫中形成雷鸣，经过激烈的撞击形成闪电，高处的云气和低处的云气相互影响，冷热气流在相互的作用中形成雨水，降回大地，汇聚到河流，最后融进白海中。

原文

牝土①之气御于玄天，玄天六百岁生玄砥，玄砥六百岁生玄澒，玄澒六百岁生玄金，玄金千岁生玄龙，玄龙入藏生玄泉，玄泉之埃上为玄云，阴阳相薄为雷，激扬为电，上者就下，流水就通而合于玄海。

注释

①牝土：与上文中的牡土对应。

译文

北方牝土之气升到空中形成玄天的云气，这种云气再需要六百年的培育生成了玄砥，玄砥再经过六百年的演化就变成了玄汞，玄汞再经过六百年的演化就生成了黑铁，黑铁再经过一千年的化育就成了玄龙，玄龙潜到地下形成玄泉，玄泉的精微气尘得到蒸发，升腾到空中成为玄云。阴气和阳气在相互的交接和较量中成为雷鸣，经过激烈撞击就形成了闪电，高处的云气和低处的云气相遇，冷热气流相互接触形成雨水，降落到大地上，再集中到河流中，最后汇融于玄海中。

卷五 时则

原文

五位：东方之极，自碣石山①过朝鲜，贯大人之国②，东至日出之次，榑木之地，青丘树木之野，太皞、句芒之所司③者，万二千里。其令曰：挺④群禁，开闭阖，通穷窒，达障塞，行优游；弃怨恶，解役罪，免忧患，体罚刑；开关梁，宣出财，和外怨，抚四方，行柔惠，止刚强。

注释

①碣石山：河北省昌黎县的一座山峰。

②大人之国：《山海经·海外东经》中记载："大人国在其北，为人大，坐而削船。一曰在丘北。"

③司：管辖，

④挺：解除，放宽。

译文

五个方位是这样的：东方最远的范围，从碣石山到朝鲜，穿过大人国，向东到太阳升起的地方，也就是榑桑和青丘树木的区域，是太皞、句芒掌管的地方，管辖面积共一万二千里。所施行政令是：解除各种禁令，打开早已关闭的门户，清除疏通堵塞之处，使之畅达无障碍，让万物自由自在；抛弃心中的憎怨，解除劳役，免除忧患，停止惩处和刑法；开放关卡和津梁，发放仓库内的财物，消除缓和邻邦仇怨，安抚四方关系，实施柔惠的政策，停止恃强凌弱。

原文

南方之极，自北户孙之外，贯①颛顼之国②，南至委火炎风之野，赤帝、祝融之司者，万二千里。其令曰：爵有德，赏有功，惠贤良；救饥渴，举力农，振贫穷，惠孤寡，忧罢[3]疾；出大禄，行大赏，起毁宗，立无后，封建侯，立贤辅。

注释

①贯：穿过，经过。

②颛项之国：《山海经·大荒南经》："有国曰颛项，生伯服，食黍。"

③罢：通"疲"。

译文

南方最远地方的范围是，从反户出发，穿越颛项国，向南到达委火炎风的地域，就到了赤帝和祝融的管辖范围，一共有一万二千里。在这里所施行的政令是：将爵位封给那些有德行的人，对有功之人进行奖赏，贤良之士施行优待赠惠的政策；开仓救助贫穷的百姓，关心抚慰孤儿寡妇，照顾体弱病患；用高俸禄聘请贤能的人才，通过奖赏政策来振兴衰败的宗族，选定没有继承人的国家的继承者，建立诸侯国，选用贤能的人才来进行辅佐。

原文

中央之极，自昆仑东绝[1]两恒山，日月之所道，江、汉之所出，众民之野，五谷之所宜。龙门、河、济相贯，以息壤堙[2]洪水之州。东至于碣石，黄帝、后土之所司者，万二千里。其令曰：平而不阿，明而不苛，包裹覆露，无不囊怀。溥汜无私，正静以和；行稃鬻[3]，养老衰，吊[4]死问疾，以送万物之归。

注释

①绝：越过，穿过。

②堙：同"湮"，埋没，堵塞。

③鬻：同"粥"。

④吊：哀悼。

译文

中央这块土地的范围，是从昆仑山开始，向东越过恒山，经过日月照耀的地域，这里发源了长江与汉水两条大的流域，是人口聚集的地区，这里的土地适宜生长五谷，龙门、黄河、济水都穿过这里，禹曾经堵塞洪水的地方，从这里向东到碣石山，就是黄帝和后土的管理之地，共一万二千里。这个区域的政令是：刚正不阿、明察秋毫但不苛求地去处理事务，包容大度，关心细微，公正无私，使国家的政治安定平和；施舍粥物，救济贫困，关心老弱病残，哀悼死者慰问病者，让所有的一切都有好的归宿。

原文

西方之极，自昆仑绝流沙、沉羽[①]，西至三危之国，石城金室，饮气之民，不死之野，少皞、蓐收[②]之所司者，万二千里。其令曰：审用法，诛必辜，备盗贼，禁奸邪，饰群牧，谨著聚，修城郭，补决窦，塞蹊径，遏沟渎[③]，止流水，雝[④]溪谷，守门闾，陈兵甲，选百官，诛不法。

注释

①沉羽：弱水了，意思是连羽毛在水上都要沉没下去，水力托不住羽毛，所以弱水也叫沉羽。“沈”，是“沉”的古写。

②蓐收：古代汉族神话传说中的秋神，左耳有蛇，乘两条龙，是白帝少昊的辅佐神。

③沟渎：指田间水道；

④雝：同“壅”。

译文

西方最远的范围，从昆仑山穿过流沙河、弱水，向西一直到三危国，那里的房屋都是用石头或者金属做成的，生活在这里的人以气为食，寿命非常长，属于少皞、蓐收的管辖地方，共一万二千里。他们在这个区域内施行的政令是：谨慎小心使用刑法，被诛杀的一定是那些罪大恶极的人，防盗禁奸佞者，地方贪吏一定要严惩，慎重积聚收藏，修建城池，重视水利修筑堤坝，阻塞旁径小道，以便抵挡洪水的冲击，将废弃的沟渠全部填堵，不使流水进入，还壅堵山涧，守卫城门，陈列兵器，选用百官任职，严惩不法之徒。

原文

北方之极，自九泽穷夏晦之极，北至令正之谷，有冻寒积冰、雪雹霜霰、漂润群水之野，颛顼、玄冥[①]之所司者，万二千里。其令曰：申群禁，固闭藏，修障塞，缮关梁，禁外徙，断罚刑，杀当罪，闭门闾[②]，大搜客[③]，止交游，禁夜乐，蚤闭晏开，以索奸人，已德，执之必固，天节已几，刑杀无赦，虽有盛尊以亲，断以法度。毋行水，毋发藏，毋释罪。

注释

①玄冥：中国古代汉族神话传说中的神的名字，如水神、冬神、北方之神等，是颛顼的辅佐神。

②门闾：城门、家门、门庭。

③客：文中指逃窜到这里的犯罪分子。

译文

北方最远的范围，是从九泽出发，一直到达大海的边界，北到令止山谷，这里常年冰封，雪雹霜霰接连不断出现，是漂润群水的发源之地，到了这里，就到了颛顼、玄冥的统治范围内了，共有一万二千里。他们所施行的政令是：重申禁令，固定收藏，修筑关卡障碍，修整关口桥梁，杜绝居民流离失所，制定刑法处决奸佞的小人，关闭城门，通缉搜索逃窜到这里的犯人，禁止往来和夜间寻欢作乐，及早关闭门户，让流窜分子无所遁形，一旦抓获这些人，一定要严加看管。一年的节结束后，严格执行刑罚，对死刑杀无赦，即使罪犯地位高贵，势力庞大，也不能姑息。不能搅动水源，不能打开封藏起来的东西，不要释放罪犯。

原文

六合[①]：孟春与孟秋为合，仲春与仲秋为合，季春与季秋为合，孟夏与孟冬为合，仲夏与仲冬为合，季夏与季冬为合。孟春始赢[2]，孟秋始缩；仲春始出，仲秋始内；季春大出，季秋大内；孟夏始缓，孟冬始急；仲夏至修，仲冬至短；季夏德毕，季冬刑毕。

注释

①合：对应。

②赢：生长。

译文

一年之中十二个月，相对应的两个月份在彼此的影响下出现各种变化，叫作六合。一月孟春对应七月孟秋，二月仲春对应八月仲秋，三月季春对应九月季秋，四月孟夏对应十月孟冬，五月仲夏对应十一月仲冬，六月季夏对应十二月季冬。孟春时节，万物开始生长，到了孟秋，万物开始凋零；仲春播种，仲秋纳藏；季春春耕，季秋收割；孟夏舒缓，孟冬萧瑟；仲夏白天长，仲冬白天短；季夏阳气盛，季冬阴气衰。

原文

春行夏令，泄；行秋令，水；行冬令，肃。夏行春令，风；行秋令，芜；行冬令，格[1]。秋行夏令，华；行春令，荣；行冬令，耗。冬行春令，泄；行夏令，旱；行秋令，雾。

注释

①格：同“落”，凋零、零落。

译文

如此看来，如果在春季实施夏季的政令，那么春天的气息就会失散；实施秋季的政令，就会水患频发；施行冬季的政令，就会充满萧瑟的气息。如果在夏季却去实施春季的政令，就会造成狂风乱作；实施秋季政令，田野就会枯索；实施冬季的政令，万物就会凋零。如果秋季实施夏季的政令，草木就会一直繁盛下去；实施春季的政令，草木就会疯长；实施冬季的政令，草木就会过早衰落。如果冬季实施春季的政令，就会散去本应有的阴气；实施夏季的政令，就会出现干旱的局面；实施秋季的政令，就会出现雾气无法消散的局面。

原文

制度[①]：阴阳大制有六度，天为绳，地为准，春为规，夏为衡，秋为矩，冬为权。绳者，所以绳万物也；准者，所以准万物也；规者，所以员万物也；衡者，所以平万物也；矩者，所以方万物也；权者，所以权万物也。

注释

①制度：法令。

译文

规定度量天地自然阴阳二气的规则制度有六种：天是绳，地是准，春天为规，夏天为衡，秋天为矩，冬天为权。“绳”是用来度量万物曲直的；“准”是用来衡量万物平正的；“规”是用来衡量万物圆曲的；“衡”是用来度量万物均衡的；“矩”是用来度量万物方正的；“权”是用来衡量万物权变的。

原文

绳之为度也，直而不争，修而不穷，久而不弊，远而不忘；与天合德，与神合明；所欲则得，所恶则亡；自古及今，不可移[①]匡；厥德孔密，广大以容。是故上帝以为物宗[②]。

注释

①移：同“迤”。

②宗：根本。

译文

“绳”作为一种量具的制度，正直不弯曲，修长没有尽头，经久不弊败，久远却不会被遗忘；它与天合德，与神合明；它所喜爱的则存在，它所厌恶的则消亡；从古到今，都改变不了它的框架尺度；它的功用德行缜密完全，广大而兼容。所以上帝把它作为衡量万物的根本。

原文

准之为度①也，平而不险，均而不阿；广大以容，宽裕以和；柔而不刚，锐而不挫；流而不滞，易而不秽；发通而有纪②，周密而不泄，准平而不失。万物皆平，民无险谋，怨恶不生。是故上帝以为物平。

注释

①度：制度。

②纪：法纪。

译文

“准”作为一种量具制度，平整没有起伏，平均没有偏袒；宽广包容，宽裕平和；柔顺而不刚强，尖锐没有挫伤；流畅却不停滞，简易没有伤害；开明有律度，周密没有泄散，平稳没有偏差。万物全都公正平准，人们之间没有险恶的心机，也就不会滋生怨恨。所以上帝把它作为衡量事物的标准。

原文

规之为度也，转而不复①，员而不垸；优而不纵，广大以宽；感动有理，发通有纪；优优简简②，百怨不起；规度不失，生气乃理。

注释

①复：重复，文中意为遏止。

②优优简简：宽缓宽大的样子。

译文

“规”作为一种量具制度，它是转运而不重复，圆滚而不乱转；优悠而不放纵，广大而兼容；感奋万物而秩序井然，发动万物而开通有序；宽容平和简约舒缓而使怨恨无从生起。有这种“规”度存在，则事物就能气顺理当而通畅顺达。

原文

衡之为度也，缓而不后[①]，平而不怨；施而不德，吊而不责；当平民禄，以继不足；勃勃阳阳[②]，唯德是行；养长化育，万物蕃昌；以成五谷，以实封疆。其政不失，天地乃明。

注释

①后：落后。

②阳阳：清明和暖的样子。

译文

“衡”作为一种量具制度，它是缓顺而不居后，公平没有怨恨；给予了不求回报，恤问而不责备；它公平恰当平衡收入，补贴接济那些收入微薄的人；它清阳蓬勃、施行恩泽；孕育苍生，万物得以繁荣；它让五谷丰登，国家强盛。它公正无偏，让存在在天地间的万物得以彰显而明亮。

原文

矩之为度也，肃而不悖[①]，刚而不愦；取而无怨，内而无害；威厉而不慑，令行而不度；杀伐既得，仇敌乃克[②]。矩正不失，百诛乃服[③]。

注释

①悖：乱。

②克：战胜。

③诛：受到惩罚。

译文

“矩”作为一种量具制度，它是肃重而不乖悖，刚正而不昏愦；它拿取而不生怨恨，收纳没有危害性；威严却不会让人害怕，令行而不废弛；征伐没有不成功的，仇敌一定能被制服。有这种“矩”平正不失的存在，所以使诸多受惩罚者得以信服认罪。

原文

权之为度也，急而不赢[①]，杀而不割；充满以实，周密而不泄；败物而弗取，罪杀而不赦；诚信以必，坚悫以固；粪除苛慝[②]，不可以曲。故冬正将行，必弱以强，必柔以刚。权正而不失，万物乃藏[③]。

注释

①赢：增长。

②慝：邪恶。

③藏：隐藏。

译文

“权”作为一种量具的制度，它是急迫沉缓的，它伐杀不剥夺；充满诚实，周密不疏散；毁物不索取，诛杀贼人不去宽赦；诚实守信，坚定谨慎；清除奸邪，不容歪曲。所以只要施行了冬季的政令，弱小事物就会慢慢变强，柔弱的事物也会逐渐变得刚硬起来。有了这种“权”度的存在，万物就可以收纳隐藏了。

原文

明堂之制，静而法准，动而法绳；春治以规，秋治以矩，冬治以权，夏治以衡。是故燥、湿、寒、暑以节至，甘、雨、膏、露以时降。

译文

明堂的制度，静则以“准”为法则制度，动则以“绳”为法则制度；春天则用“规”来治理，秋天就用“矩”来治理，冬天则用“权”来治理，夏天就用“衡”来治理。这样，干燥、潮湿、寒冷、暑热都会按季节适时出现，甘甜雨露也会按时节适时降落。

卷六　览冥

原文

往古之时，四极废，九州裂，天不兼复，地不周载[①]，火爁焱而不灭，水浩溔而不息，猛兽食颛民，鸷鸟攫[②]老弱。于是女娲炼五色石以补苍天，断鳌足以立四极，杀黑龙以济[③]冀州，积芦灰以止淫水。苍天补，四极正，淫水涸，冀州平，狡虫死，颛民生。背方州，抱圆天，和春阳夏，杀秋约冬，枕方寝绳，阴阳之所壅沈不通者，窍理之；逆气戾物、伤民厚积者，绝止之。当此之时，卧倨倨，兴盱盱，一自以为马，一自以为牛；其行蹎蹎，其视瞑瞑；侗然皆得其和，莫知所由生。浮游不知所求，魍魉不知所往。当此之时，禽兽虫蛇，无不匿其爪牙，藏其螫毒，无有攫噬之心。考其功烈，上际九天，下契黄垆[④]，名声被后世，光晖重万物。乘雷车，服驾应龙，骖青虬，援绝瑞，席萝图，黄云络，前白螭[⑤]，后奔蛇，浮游消摇，道鬼神，登九天，朝帝于灵门，宓[⑥]穆休于太祖之下。然而不彰其功，不扬其声，隐真人之道，以从天地之固然。何则？道德上通，而智故消灭也。

注释

①载：承载。

②攫：鸟用爪迅速抓取。

③济：救济。

④黄垆：黄泉上覆盖的垆土。

⑤白螭神话传说中的一种白色龙类动物。

⑥宓：安宁。

译文

远古时代，支撑天际的四根大柱轰然倒塌，大地崩裂，天无法覆盖大地，大地承载不了万物，绵延大火不熄，洪水泛滥不止，猛兽食人，凶禽袭击老弱。于是，女娲用五色石修补漏洞，把鳌足砍下来当成擎天柱，堆积芦灰抵御洪水的冲击，斩杀黑龙平定叛乱。补好苍天的漏洞，擎立天际，洪水消退，冀州平定，杀死了凶恶的野兽，还给百姓一条生路。女娲背靠大地、怀抱青天，让春天温暖，夏天炽热，秋天肃杀，冬天寒冷。女娲枕着方尺、躺在准绳上，每当出现阴阳不通的情况，她便及时进行疏理和贯通；当逆气伤物危害百姓积聚财物时，便给予禁止消除。每到这个时候，天清平地安定，人们可以没有忧愁地安心入睡，醒时弃智无谋；或以为牛，或以为马，随人呼召；行动舒缓沉稳，走路漫无目的，视物若明若暗；朣朦无知天真幼稚与天道万物和协，谁也不知产生缘由，随意闲荡不知所归不求所需，飘忽不定没有目标。到了这时，野兽毒蛇全都收敛藏匿爪牙、毒刺，没有捕捉吞食的欲念。考察伏羲氏、女娲他们的丰功伟绩，上可以通九天，下可以契合到黄泉下的垆土上，名声流传后世，光晖熏炙万物。他们以雷电为车，应龙居中驾辕，青虬在两旁陪护，手中持有稀奇的瑞玉，铺上带有图案的车垫席，上有黄色的彩云缭绕，前面由白螭开路，后有腾蛇簇拥追随，悠闲遨游，鬼神都当作他的向导，上登九天，在灵门觐见天帝，安详静穆地在大道太祖那里休息。尽管如此，他们从来不标榜炫耀自己的功绩，从来不张扬彰显自己的名声，他们隐藏起真人之道，遵从天地自然的变化。为何这样呢？是因为道德上通九天，智巧奸诈在这种情况下是无法生存的。

原文

逮至夏桀之时，主暗晦而不明①，道澜漫而不修，弃捐五帝之恩刑，推蹶三王②之法籍，是以至德灭而不扬，帝道掩而不兴；举事戾苍天，发号逆四时；春秋缩其和，天地除其德，仁君处位而不安，大夫隐道而不言；群臣准上意而怀当③，疏骨肉而自容；邪人参耦比周而阴谋，居君臣父子之间而竞载，骄主而像其意，乱人以成其事。是故君臣乖而不亲，骨肉疏而不附；植社槁而𡒄④裂，容台振而掩覆；犬群嗥而入渊，豕⑤衔蓐而席澳；美人挐首⑥墨面而不容，曼声吞炭内闭而不歌；丧不尽其哀，猎不听其乐；西姥折胜⑦，黄神啸吟；飞鸟铩翼，走兽废脚；山无峻干，泽无洼水；狐狸首穴，马牛放失；田无立禾，路无莎薠；金积折廉，璧袭无理；磬龟无腹，蓍策日施。

注释

①不明：不明事理，指不理朝政。

②三王：指夏、商、周三代之君，即夏禹、商汤、周文王。

③当：迎合

④𡒄：同“罅”，分裂、裂开。

⑤豕：猪。

⑥挐首：形容蓬头乱发的样子。

⑦胜：头饰。

译文

到了夏桀统治的时代，君王不理朝政，政道散乱而不加治理，他们逐渐抛弃了五帝原先施行的恩威并用政策，推翻了三王治政的正确做法。因此，道德被逐渐泯灭，无法继续弘扬，先帝的道统没有办法再次施行和新兴。这时君主处理事情的办法背离天意，发布的号令政策违逆时令，春秋藏匿起和顺之气，就连天地也逐渐停止恩泽。开明的君主无法安心，正直的大臣不敢出言觐见，这种情况下群臣只能凭借揣测来迎合君主，疏远亲人为了保命；奸佞之徒开始结党营私，搞阴谋诡计，奔走于君臣父子之间而竞相惹是生非、骄纵主子以便能得宠、混乱中谋取利益达到自身目的。这样一来，君臣离心，口不言心，骨肉疏离，四分五裂；庙堂社主因无人祭祀而枯朽破损，礼仪之台在震荡之下濒临倒塌；丧家之犬哀嚎着，结成一队纷纷跳入深渊，猪自己衔着垫草，在西南角搭建自己的窝；美女们不修边幅，歌手们自吞炭，哪怕是哑了也不肯歌唱；有丧事，压抑着情感不愿意流露出悲哀，田猎游玩也没有办法尽兴；西王母摘去玉质头饰，黄帝也忍不住长啸叹息；飞鸟折断翅翼受伤，走兽摔断肢骨残疾；山上树干砍尽，水中河水枯竭、鱼儿无法生存；死狐狸头朝巢穴躺着，牛马四处走失无法寻找；田里不见生长着的禾苗，连路旁都没有茂盛的野草；堆积着的金银器皿锈蚀并折断棱角，玉璧也因时间长了磨尽刻镂的花纹；昏君夏桀将占卜的龟壳钻得稀烂，没有办法再继续占卜凶吉，却还要每天使用蓍草来求神问鬼以求保佑。

原文

晚世之时，七国[①]异族，诸侯制法，各殊习俗，纵横间[②]之，举兵而相角。攻城滥杀，覆高危安；掘坟墓，扬人骸，大冲车，高重垒。除战道，便死路；犯严敌，残不义。百往一反，名声苟[③]盛也！是故质壮轻足者，为甲卒千里之外；家老羸弱，凄怆于内。厮徒马圉，軵车奉饷，道路辽远，霜雪亟集，短[④]褐不完。人羸车獘，泥涂至膝，相携于道，奋首于路，身枕格而死。所谓兼国有地者，伏尸数十万，破车以千百数，伤弓弩、矛戟、矢石之创者，扶举于路。故世至于枕人头、食人肉、菹人肝、饮人血，甘之于刍豢。

注释

①七国：东周末期七个强大的诸侯国：秦国、齐国、楚国、赵国、魏国、韩国、燕国。

②间：离间，挑拨。

③苟：姑且，暂时。

④短，通“裋”（shù），粗布衣服。

译文

到了近世的战国时代，天下一分为七，成为七个不同姓氏的国家。每个诸侯国都相应制定属于自己的法令制度、依据自己的风俗，纵横两家从中挑拨起事，致使各个国家之间兵火相交。当攻略城市之后，他们大开杀戒，杀害了很多无辜的百姓，高城被夷为平地，平安转化为危险的存在；这些人挖掘墓地，随意抛撒坟中的尸骨；随着攻城战车越来越大，防御的城墙也开始变得高厚起来；清理疏通战争通道、路径；他们进攻强劲的敌人，滥杀无辜。百人出征的队伍，到了最后没有一个人能生还，来换取所谓的名声。体质强壮、动作迅捷的人被强迫入伍，征战杀场，老弱病残则在家中独自悲怆凄凉。那些服役的兵卒马，推拉着车子运送粮饷，路途漫漫，风雪交加，没有御寒的暖衣，人困马乏、车辆破损；遇到深达膝盖的泥泞道路，人们只能互相搀扶着拉扯，拼命奋力向前行进，这样经常就有人累冻而死，倒在挽车的横木上。所谓兼并别国领土，是以丧失生命和毁坏战车作为大家的；其中还有在战争中受伤致残的伤兵，被扶被搀被抬着，一路上随处可见。以致这些战犯竟到了枕骷髅、吃人肉，脍人肝、喝人血比吃牛肉猪肉都甜美的地步。

原文

故自三代以后者，天下未尝①得安其情性，而乐其习俗，保其修命，天而不夭于人虐也。所以然者何也？诸侯力征，天下合而不为一家。

注释

①未尝：未曾，不曾。

译文

所以从三代以后，普天之下的人们再也不能找到安定的性情，也没有办法感受并享受着风俗民情，都在为了保全性命，以免在战争中丧生。导致这种状况的原因是什么呢？是因为常年累月的战争，天下不能融为一家。

原文

逮至当今之时，天子在上位①，持以道德，辅以仁义，近者献其智，远者怀其德，拱揖②指麾而四海宾服，春秋冬夏皆献其贡职，天下混而为一，子孙相代。此五帝之所以迎天德[3]也。

注释

①天子：文中指汉武帝。

②拱揖：拱手作揖以示敬意

③天德：文中指黄老之术。

译文

到了当今时代，天子的地位是最高的，他依靠道德来掌管天下，并施以仁政，所以，大臣都愿意进献自己的才智，百姓们心中感怀这份恩德，只需要天子指挥，天下就会顺利归附，春夏秋冬四季会按时朝贡，进献贡品，天下统一为整体，子孙世代相传。这就是五帝顺应了天道的做法。

原文

夫圣人者，不能生时，时至而弗失也。辅佐有能，黜谗佞之端，息[1]巧辩之说，除刻削之法，去烦苛之事，屏流言之迹，塞朋党之门；消知能，修太常[2]，隳肢体，绌聪明；大通混冥，解意释神.，漠然若无魂魄，使万物各复归其根。则是所修伏牺氏之迹，而反五帝之道也。

注释

①息：平息。

②太常：掌建邦之天地、神祇、人鬼之礼，吉凶宾军嘉礼以及玉帛钟鼓等威文物的官员。

译文

实际上，圣人是没有办法创造时运的，只不过他们能够及时把握来临的机遇而已。同时，还能遇到贤才辅佐，能够抵制歪门邪道的侵袭，平息肃清巧舌之人的流言，废除严酷的刑法，去掉烦杂的事务，屏弃堵塞流言蜚语的传播，阻塞营党结私的门径；消除所谓的智巧之能，循遵重大的礼法规则，根除禁绝各种情欲贪念，废弃小聪明，持守纯朴本性而彻底通悟，混混沌沌，解意释神，淡泊茫然如同丧魂落魄，不刻意干涉使万事万物都能归复到它们的根本。这就是走上了伏羲氏所开辟的道路，返回到五帝所遵循的道统。

卷七 精神

原文

古未有天地之时，惟像无形，窈窈冥冥[①]，芒芠[②]漠闵，澒濛鸿洞，莫知其门。有二神混生，经天营地，孔乎莫知其所终极，滔乎莫知其所止息。于是乃别为阴阳，离为八极，刚柔相成，万物乃形。烦气为虫，精气为人。

注释

①冥冥：指自然界的幽暗深远。

②芒芠：混沌的样子。

译文

上古时期当天地还没有成型的时候，只有模糊不清的状态而无具体形状，这种状态是昏暗幽深、混沌不清，根本就找不到它的门道所在。阴阳二神就在这个时候同时产生了，他们一起营造天地；天地深远得看不到它的尽头，宽广得找不到边际。这个时候就分出天地阴阳，散离成四方八极，阴阳二气互相作用，万物才从中产生形成。这里，杂乱的气产生鱼鸟禽兽和昆虫，而纯精的气则产生出了人类。

原文

是故精神，天之有也；而骨骸者，地之有也。精神入其门，而骨骸反其根，我尚[①]何存？是故圣人法天顺情，不拘于俗，不诱于人，以天为父，以地为母。阴阳为纲[②]，四时为纪。天静以清，地定以宁，万物失之者死，法之者生。夫静漠者，神明之宅也；虚无者，道之所居也。是故或求之于外者，失之于内；有守之于内者，失之于外。譬犹本与末也，从本引之，千枝万叶莫不随也。

注释

①尚：还。

②纲：纲领。

译文

所以，人的精神归属于上天，而形骸归属于大地。如果人死以后，精神归属于上天、形骸归属于大地，那“我”还能剩下什么得以存在呢？所以圣人遵循天地的运行规则、顺应人的本性，不为世俗所拘束、不被人欲所诱惑，以天为父，以地为母，以阴阳的变化和四时的运行作为行动的准则。天清澈而洁静、地平定而安宁，万物离开它无法生存下去，依附它就能很好的生存。静漠，是神明的住宅；虚无，是道的居所。因此，如果一味追求身外之物，就会失去对内心精神世界的保养持守，反过来对某些事情一直耿耿于怀，就会影响人体外形的健康。这就好比树根与树梢的关系，从根本上牵引着树根主干，树的千枝万叶也就无不随之摇动。

原文

是故血气者，人之华也；而五藏者，人之精也。夫血气能专于五藏而不外越，则胸腹充而嗜欲省矣。胸腹充而嗜欲省，则耳目清、听视达矣。耳目清、听视达，谓之明。五藏能属于心而无乖，则教志胜而行不僻矣[①]。教志胜而行之不僻，则精神盛而气不散矣。精神盛而气不散则理，理则均，均则通，通则神，神则以视无不见，以听无不闻也，以为无不成也。是故忧患不能人也，而邪气不能袭。故事有求之于四海之外而不能遇[②]，或守之于形骸之内而不见也[③]。故所求多者所得少，所见大者所知小。

注释

①教：同“悖”，乱。僻：邪。

②有：通“或”。

③见：遇。

译文

所以说人的精华在于气血和五脏。血气聚集在五脏之内不会溢出，则说明五脏充实而嗜欲很少。只要五脏充实，嗜欲减少，就能够使耳目清明、视听畅达。这就叫作明。五脏归属于心，但是却不与心违逆，这样的优势能够促使人们行为乖张、性格怪癖，精神旺盛精气不散泄。精神旺盛和精气不散泄则顺畅，顺畅就能促使调匀，继而无阻，从而产生出神奇的能力。这种能力能使看到一切，听到所有，没有办不成的事情。这样一来，忧患祸害就无法侵入，邪气歪风也就没有办法侵袭。所以，一些事情并不是到四海之外就能够追求到的，有些恪守在内心却实现不了。所以贪得越多，获得的越少，看见得越大反，知道的越少。

原文

是故五色乱①目，使目不明；五声哗耳，使耳不聪；五味乱口，使口爽伤；趣舍滑②心，使行飞扬。此四者，天下之所养性也，然皆人累③也。故曰：嗜欲者使人之气越，而好憎者使人之心劳，弗疾去，则志气日耗。夫人之所以不能终其寿命而中道夭于刑戮者，何也？以其生生之厚。夫惟能无以生为者，则所以修得生也。

注释

①乱：扰乱。

②滑：通“汩”，乱

③累：拖累，包袱。

译文

所以五色能够迷乱人的眼睛，致使双目不清朗；五声扰乱人的耳朵，使双耳闭塞听不到声音；五味扰乱口舌，从而使口舌麻尝不到味道；追逐名利使人心混乱，胡作非为。这四样东西，人们一般都是用来养生的，但是却都成为了人生的包袱。所以说，嗜欲能够遣散人的精气，爱憎能够让人处在心力劳顿之中，如果不赶快进行清除，就会出现气血亏损。有些人不能寿终死在刑杀中，这是因为什么呢？这是因为这种人的条件过于优渥。只有不为了生活奔波的人，才能长生。

原文

夫悲乐者，德之邪也；而喜怒者，道之过也；好憎者，心之累也。故曰："其生也天行，其死也物化，静则与阴俱闭，动则与阳俱开。"精神澹然[①]无极，不与物散，而天下自服。故心者，形之主也；而神者，心之宝也。形劳而不休则蹶[②]，精用而不已则竭。是故圣人贵而尊之，不敢越也。

注释

①澹然：恬静的样子。

②蹶：竭尽，枯竭

译文

或悲或乐，是偏离了德；喜怒无常，是损坏了道；好恶分明，暴踏了心。所以说"生就像天地之间的运行一样自然，死就像物质变化一般，静时和阴气一同闭藏，动时和阳气一起开启"。精神澹泊无执，不会随着物质世界的改变而出现散逸，这样一来，天下就会自然归服了。所以心是形体的主宰；精神是心的珍宝。形体劳累不经过休息就会造成损伤，精神使用过度就会面临衰竭的情况。因此，圣人非常注重遵循这个守则，不会去违背它。

原文

夫有夏后氏之璜者[①]，匣匮而藏之，宝之至也。夫精神之可宝也，非直夏后氏之璜也。是故圣人以无应有，必究其理；以虚受实，必穷其节[②]；恬愉虚静，以终其命。是故无所甚疏，而无所甚亲，抱德炀和[③]，以顺于天；与道为际，与德为邻；不为福始，不为祸先；魂魄处其宅，而精神守其根，死生无变于己。故曰至神。

注释

①夏后氏：上古部族名。璜（huáng）：玉器，即半璧。

②节：细节。

③炀：熏陶。

译文

人一旦获得了夏后氏的璜玉，就会用盒子把它珍藏起来，这是因为璜玉非常珍贵，而精神的珍贵，是璜玉远远无法企及的。所以圣人用虚无的精神来对付有形的物质，就一定能够穷究当中的启发；以虚静来接纳实有，就一定能够探知到其中的真相；圣人恬愉虚静，以尽天年。因此他对外界事物没有什么特别的疏远，也没有什么特别的亲近；他只是持守天德怀拥中和，以顺随天性，与“道”一体，和“德”相伴；他不会为了福而开始，也不会为了祸而先，魂魄在形骸之内安然，精神持守根本，死生都没有办法对他的精神世界产生庸扰。所以说他达到了神的境界。

原文

是故其寝不梦，其智不萌①，其魄不抑，其魂不腾。反复终始，不知其端绪。甘暝太宵②之宅，而觉视于昭昭之宇，休息于无委曲之隅③，而游敖于无形埒之野。居而无容，处而无所；其动无形，其静无体；存而若亡，生而若死；出入无间，役使鬼神；沦于不测，入于无间。以不同形相嬗也，终始若环，莫得其伦。此精神之所以能登假④于道也。是故真人之所游。

注释

①萌：萌生，萌发。

②太宵：长夜。

③隅：区域、地方。

④假：通“格”，

译文

所以真人是睡觉的时候不做梦，智巧不萌生，阴魄不会受到抑制，阳魂不腾升。周而复始，没有开始和结束。尽管他在慢慢长夜中安睡，却能感受到世界中发生的所有事情；他能够在虚无的地域当中休息，在无形的界域中遨游。他居处时，不会出现具体的形容和样貌，住下时也没有固定具体的居住地方；他形动时一般不会遗留下任何痕迹，静止时也不会看到具体的形态；存而若亡，生而若死；他能出入于没有间隙的地方，也能役使魔鬼天神；他既能进入深不可测的地方，也能在没有空间的地方存在。真人就不断用不同的形态存在着，从开始到结束就像圆环的转动一样，没有办法弄清这其中的启发。这就是真人精神能够通达于“道”的奥秘所在。以上这些就是真人的行为表现。

卷八 本经

原文

天地之合和，阴阳之陶化万物，皆乘人气者也。是故上下离心，气乃上蒸；君臣不和，五谷不为。距日冬至四十六日，天含和而未降，地怀气而未扬；阴阳储与，呼吸浸潭，包裹风俗，斟酌万殊，旁薄众宜，以相呕咐[①]酝酿，而成育群生。是故春肃秋荣，冬雷夏霜，皆贼气之所生。由此观之，天地宇宙，一人之身也；六合之内，一人之制也。是故明于性者，天地不能胁也；审于符者，怪物[②]不能惑也。

注释

①呕咐：抚养培育。

②怪物：奇怪的事物。

译文

天地混合的气融会贯通就会出现阴阳二气，阴阳二气能够化育苍生，之所以会出现这样的情况，全凭这纯一之气。所以，上位和下位如果偏离了道德，邪气就会上升；君臣之间有罅隙，五谷无法很好地生长。从立冬到冬至之间的四十六天，阳气还没有下降，阴气也没有上扬；这时候的阴阳二气也没有开始融合，它们在各自的空间中徘徊游荡着，慢慢相吸收并浸润成为中和之气，其中有很大的范围，准备化育生成万物，遍及芸芸众生使之各得其宜，和气最终都会育化为生命。因此，如果春天像秋天一样充满萧瑟之气，秋天像春天一样充满生机，冬天电闪雷鸣，夏天风霜骤降，反常的天气都是因为阴阳失调而出现的。由此看来，宇宙天地的形成和变化规则，是同人体结构和生命运动变化法则是基本一致的；所以也可以说，明白天性道体的人，不会恐惧天地自然的变异；明察天象征兆人事符验的人，不会对天地自然的怪异产生迷惑感。

原文

故圣人者，由近知远，而万殊为一。古之人，同气于天地，与一世而优游。当此之时，无庆赏之利①、刑罚之威②，礼义廉耻不设，毁誉仁鄙不立，而万民莫相侵欺暴虐，犹在于混冥之中。逮至衰世，人众财寡③，事力劳而养不足，于是忿争生，是以贵仁。仁鄙不齐，比周明党，设诈谞④，怀机械巧故之心，而性失矣，是以贵义。阴阳之情，莫不有血气之感，男女群居杂处而无别，是以贵礼。性命之情，淫而相胁，以不得已则不和，是以贵乐。是故仁义礼乐者，可以救败，而非通治之至也。

注释

①利：诱惑。

②威：威胁、威逼。

③寡：少。

④谞：阴谋。

译文

所以圣明的人可以从身边微小的事物中推断到未来的事情，能够将万物视为一，千差万别视为无差别，他正气通天地，与整个宇宙世界一起悠闲遨游。在这样一个由圣人神明治理的年代，不存在庆功奖赏的诱惑，也不存在刑法惩处的威逼，更不必设置礼义廉耻，也无诽恶誉善的事情，百姓们互不侵犯欺凌残害，就像生活在混沌社会之中。而到了社会道德衰败的时代，人多物少，人们付出的多、获得的少，于是心生怨恨，为生活而你争我夺，这时便要借助于“仁”这道德来制止纷争。同时，社会中有人仁厚，有人不仁，不仁的人们喜欢之结党营私、心中怀有奸诈，丢失掉了最为淳朴的天性，这时就需要动用“义”来制止这种情况的出现。生活在社会中到男女，免不了都有情欲，异性相吸引从而引起情感的冲动，这样男女混杂不进行间隔就会暗藏着祸患，这时就需要借助“礼”来进行限制。以及人的性情如果过分放纵宣泄，也会威胁到生命的安全，心性不得平和之时，就必须借助“乐”来加以调节疏通，所以这时就产生了“礼”。所以，由此看来，仁、义、礼、乐这些东西，均是用来防范、制止某些方面的道德品行的衰败，但不能说是修身养性的最佳方法。

原文

是故德衰然后仁生，行沮然后义立，和失然后声调[①]，礼淫然后容饰。是故知神明然后知道德之不足为也，知道德然后知仁义之不足行也，知仁义然后知礼乐之不足修也。今背其本而求其末，释[②]其要而索之于详，未可与言至也。

注释

①调：调和。

②释：放弃。

译文

所以可以这样说，“德”衰以后才有“仁”产生，品行败坏才会萌生“义”，性情失去平和才会通过音乐来调节，淫荡的风气盛行才促使建立法度去进行整治。所以，用“道体”来管理国家，“德”就没有提倡的价值，明白“德”可以让人的心纯净，这“仁义”就不值得实施，明白了“仁义”的救败意义，“礼乐”就没有必要去进行修订。但是如今却是相反：背弃了“道体”根本而去追求仁义礼乐这些末枝，放弃了简要的东西而去用繁琐的东西，这样的人是不能和他谈论高深的道理的。

原文

故至人之治也，心与神处，形与性调[①]；静而体德，动而理通；随自然之性而缘不得已之化；洞然无为而天下自和；憺[②]然无欲而民自朴；无禨祥而民不夭，不忿争而养足；兼包海内，泽及后世，不知为之者谁何。是故生无号，死无谥[③]；实不聚而名不立，施者不德，受者不让，德交归焉而莫之充忍也。故德之所总，道弗能害也，智之所不知，辩弗能解也。

不言之辩，不道之道，若或通焉，谓之天府，取焉而不损，酌焉而不竭，莫知其所由出，是谓瑶光。瑶光者，资粮万物者也。

注释

①调：协调。

②憺：通“澹”。

③谥：即谥号，谥号是人死之后，后人给予评价的文字。

译文

所以，通过怀有圣德的人治理的国家，心与神相依，形与性相谐调；静处时依照“德”，行动时合附“理”；顺随事物的自然本性、遵循事物的发展规律；他浑然无为，但是国家却自然和顺；他恬澹没有邪欲，而百姓自然纯朴无华；他不用求神祈福，百姓的生命不会夭折；人们间不必怨恨纷争而给养充足；他的德泽遍及海内外，并延及后世，但人们却不知道施予恩德的是谁。所以，这样的至人活着没有名号，死后没有谥号；他不会聚敛财物，也不去追求名誉，施恩的人不会因为这个而寻求报答，受恩惠者也不会假装进行谦让；美德聚集归附于他身上，显现不出盈满的状态。所以，德行聚集的人，说三道四是无法伤害到他的；智慧不能明了的事，语言自然也是没有办法解释明白的。不说话的辩才、没有具体规定的“道”，如若有人能通达这种境界，那就叫作进入到天府，这里面取之不尽，用之不竭，无法知道它产生的缘由，这就是瑶光。所谓瑶光就是养育万物的意思。

卷九　主术

原文

人主之术，处无为之事，而行不言之教；清静而不动，一度而不摇；因循而任下，责成而不劳。是故心知规而师傅谕导，口能言而行人称辞，足能行而相者先导，耳能听而执正进谏。是故虑无失策，举无过事；言为文章，行为仪表于天下；进退应时，动静循理；不为丑美好憎，不为赏罚怒喜；名自其名，类各自类；事犹自然，莫出于己。故古之王者，冕而前旒①，所以蔽明也；黈纩②塞耳，所以掩聪；天子外屏，所以自障。故所理者远，则所在者迩；所治者大，则所守者小。

注释

①旒：古代皇帝礼帽前后的玉串。

②黈纩：黄绵所制的小球。悬于冠冕之上，垂两耳旁，以示不欲妄听是非。

译文

君主治理天下，应该施行无为而治的方法，推行不需要经过说教，就能够让人们明白其中的道理和原则。君主自身应清静，戒骄戒躁，坚持着遵循自然的法度；遵循事物的发展规律不去进行干涉，用这种态度来任用下属，充分发挥他们的作用和职能，使他们各司其职而自己就不必亲力亲为。所以根据上述的原则，君主心里明白，藏有韬略，却让国师前来进行开导说教，能言善辩却让他人去陈说，脚腿灵便却让相者前往引导来宾，耳朵聪敏却由执政官员传递信息。因而，考虑问题的时候，君主就会相对全面，不会错失行动计划；只要言论合理，就可以作为表率进行推广；进退和动静符合时机；不会因为事物表面的美丑而产生好恶，更不会因赏罚而喜怒；事物的名称遵守原本名称，事物的类别不去刻意改变；事物是什么样子都是自然发展而成的，不是认为就能够决定的。所以，古代帝王君主，带的冠冕前面装饰一串珠玉，是为了遮挡自己的视线；冠冕两侧垂悬的绵丸球，是为了堵塞自己的听觉；皇帝宫外设立的屏风，这是用来阻隔自己、远离小人的。因此君主管辖的范围越远，所审察的范围就相对要近很多；治理的事情越大，所操持的事情却越小。

原文

昔者神农之治天下也，神不驰于胸中，智不出于四域，怀其仁诚之心。甘雨时降，五谷蕃植①，春生夏长，秋收冬藏。月省时考，岁终献功，以时尝谷，祀于明堂②。明堂之制，有盖而无四方，风雨不能袭，寒暑不能伤。迁延而入之，养民以公。其民朴重端悫，不忿争而财足，不劳形而功成。因天地之资，而与之和同。是故威厉而不试，刑错而不用，法省而不烦，故其化如神。其地南至交趾，北至幽都，东至旸谷，西至三危，莫不听从。当此之时，法宽刑缓，囹圄③空虚，而天下一俗，莫怀奸心。

注释

①蕃植：繁殖。

②明堂：古代帝王所建的最隆重的建筑物，用作朝会诸侯、发布政令、秋季大享祭天，并配祀祖宗。

③囹圄：秦朝的监狱称之为“囹圄”。

译文

过去神农氏治理天下，沉静的精神不会驰骋在胸中，智慧藏匿不外露，只要心中有一颗仁爱真诚的心。甘雨及时地降临，五谷繁茂生长，春生夏长，秋收冬藏。每个月及时进行检查，每个季度考察，年底的时候向先祖神明分享喜悦，根据季节的变化吃应季的谷物，在明堂祭祀祖宗神灵。明堂建造的样式，包含有天穹一样的圆形顶盖，但是没有四面的墙壁，尽管这样，风雨也没有办法侵袭，寒暑无法伤害。每当祭祀祖宗神灵时，怀着公心养育民众的神农氏率领随从胸襟坦荡步履从容地进入明堂。

他的民众朴素稳重、正直诚实，不用互相争夺，因为财物富足，不用过分劳累身体而能大功告成。他凭借着大自然的资助，而与天地自然融会一体。所以，他尽管身处威厉地位，但却从不逞威逞凶；制定刑法政令，但却不必动用；法令简略而不烦杂，所以对民众的教化功效神奇。他的管辖范围南到交趾，北到幽都，东到旸谷，西到三危，各处无不听从归附。在这个时候，法律宽厚，刑罚轻微，监狱空置，而天下风俗却十分简单纯朴，任何人之间都没有奸诈之心。

原文

末世之政则不然。上好取而无量[①]，下贪狼而无让；民贫苦而忿争，事力劳而无功；智诈萌兴，盗贼滋彰；上下相怨，号令不行；执政有司，不务反道，矫拂[②]其本，而事修其末；削薄其德，曾累其刑；而欲以为治，无以异于执弹而来鸟，棁稅而狎[③]犬也，乱乃逾甚。

注释

①量：能容纳、接受的限度。

②矫拂：拂逆，违背。

③狎：亲近而态度不庄重：

译文

而晚世的政治就不是这个样子了。上面的君主喜欢没有止境的索取，官吏贪婪不知道谦让；百姓在贫困的环境下不得不互相怨恨争夺，费尽辛劳却得不到应该有的报酬；智巧奸诈从而出现，滋生了盗贼这个行业；上上下下彼此间憎恨，法规号无法推行；各级官员不去想办法做到归依天道，而是违逆治国的根本，将注意力放在了表面的枝节、小事上；这个时候的德政受到削弱，刑罚却开始变得更加严重了，而想通过这样的方法来治理好天下，无异于手拿弹弓却想招引鸟雀，挥动木棍却想与狗亲近玩耍，只不过是添乱而已。

原文

夫水浊则鱼噞，政苛则民乱。故夫养虎豹犀象者，为之圈槛，供其嗜欲，适其饥饱，违其怒恚，然而不能终其天年者，形有所劫也。是以上多故则下多诈，上多事则下多态，上烦扰则下不定，上多求则下交争。不直之于本而事之于末，譬犹扬堁[①]而弭尘、抱薪以救火也。

注释

①堁：土堆，尘埃。

译文

水过于混浊，则鱼儿为了呼吸生存，就会浮出水面呼吸喘气，政令烦琐苛刻，会让百姓感觉到烦躁不安。所以那些驯养虎、豹、犀牛、大象的人，虽然给这些动物修建了栅栏，并提供给他们最喜欢的食物，并及时进行喂养，以便可以改变这些动物的暴怒性情，使之驯驯服服，但就是不能使它们享尽自然寿命，原因何在？这是因为这些动物的身体被迫接受了约束和胁迫。因此，上面的君主智巧，下面的臣民也就不会奸诈；在上的君主如果事情很繁杂，那么在下的臣民也容易生事；在上的君主忧心忡忡，在下的臣民也会受到影响，不会安定下来；在上的君主如果比较贪心，那么在下的臣民大都喜欢争斗。不立足根本而去追求末节，就好像把尘土扬起来，却想要去遏制尘土的飞扬，抱着薪火，却想要救火是一样的道理。

原文

故圣人事省而易治，求寡而易澹[①]；不施而仁，不言而信，不求而得，不为而成；块然保真，抱德推诚；天下从之，如响之应声，景之像形：其所修者本也。刑罚不足以移[②]风，杀戮不足以禁奸，唯神化为贵，至精为神。

注释

①澹：通“赡”。

②移：改变。

译文

所以，圣人简省事务反而治理变得容易了很多，欲求少而容易满足；不需布施而能表示仁爱，不须信誓旦旦反能显示诚实，不需索取就可以获得想要的东西，什么都不做反能收到成效；他安然不动保守纯真，用道德诚信真诚待人；天下的人们都愿意跟随着，就像回音应和声音，物影跟随形体：这些都在于圣人修养根本的缘故。刑罚不能够改变风俗，杀戮不能够禁止掉所有的奸邪；只有从精神上进行感化才是根本，那至精的无为之道才具有令人惊奇的作用。

原文

故民之化上，不从其所言而从其所行。故齐庄公①好勇，不使斗争，而国家多难，其渐至于崔杼②之乱。顷襄③好色，不使风议，而民多昏乱，其积至昭奇④之难。

注释

①齐庄公：姜姓，吕氏，名光，齐灵公之子，春秋时期齐国国君。

②崔杼：又称崔子、崔武子，春秋时齐国大夫，后为齐国执政。期间，他当国秉政，骄横异常，先后立庄公、景公，在朝大肆杀戮，使齐政局动荡。后上吊自杀，尸体为景公戮曝。

③顷襄：指战国楚顷襄王。芈姓，熊氏，名横，东周战国时期楚国国君，楚怀王之子。

④昭奇：楚国大夫。

译文

所以人们接受了君王的教化，并不是因为言语，而是服从了他的身教。所以，齐庄公喜欢好养武士，用武力解决一切，尽管他没有要求百姓战斗，但是整个国家却多战争，后来终于出现了崔杼弑君的惨剧。楚襄王专淫好色，他没有传播这种行为，但是国家的人们却淫乱成风，最后导致了国土沦丧、众叛亲离的结果。

原文

古圣王至精形于内，而好憎忘于外；出言以副情[①]，发号以明旨；陈之以礼乐，风之以歌谣；叶贯[②]万世而不壅，横扃[③]四方而不穷；禽兽昆虫与之陶化，又况于执法施令乎？故太上神化，其次不得为非，其次赏贤而罚暴。

注释

①副：符合。

②叶贯：树叶之脉理贯通。形容知识融会贯通，皆有条理可循。

③横扃：犹横贯，充盈。扃：闭门户所用的横木。

译文

古代圣王在内心中保留着最为纯粹的精神，又将好憎之情抛到九霄云外；他言论符合自己的真实情感，号令则阐明了仁慈的旨意；他通过礼乐来感化国家的百姓，用歌谣对民风进行相对的讽喻；这种精神能够感化万代而不会消散、横贯跨越四方而不会穷尽；就连禽兽昆虫之类也能收到感化和熏陶，更何况这种政令是有如此的圣王所执法和施令的，天下谁能不听从这种感化呢？所以治理天下，最上策的是从精神上感化，其次是用礼制方法来约束民众使他们不做错事，而用奖赏贤才惩罚暴虐的方法来治理天下是最下策的。

原文

衡[①]之于左右，无私轻重，故可以为平；绳[②]之于内外，无私曲直，故可以为正；人主之用法，无私好憎，故可以为命。夫权轻重，不差蚊首；扶拨枉桡[③]，不失针锋；直施矫邪，不私辟险；奸不能枉，谗不能乱；德无所立，怨无所藏：是任术而释人心者也，故为治者不与焉。

注释

①衡：秤杆。

②绳：墨绳。古代建筑工人在测量看房子砌得直不直的时候是用墨绳。

③扶拨：扶持拨正。

译文

秤对于所称的东西来说，是不会按照自己的私心去改变重量的；墨绳对于所量之物来说，也是公正无私的，不会因为自己的好恶来改变曲直，所以秤和绳是公平、正直的。君主的用法也是这样的。不能根据自己的喜好而改变执法的标准，也不能改变量刑的尺度，正因为如此，君主才能更好地实施法制政令。权衡轻重，即使是蚊子头那么小的误差也不能发生；矫正枉屈，哪怕是针尖那么大的误差也要杜绝；纠正歪邪，不以私心回避风险；奸诈的小人不能改变他的执法，谗佞之人不能使他乱了阵脚；正因为是执法公正严明，所以怨恨才不会出现藏匿，恩德也无从谈起：这种凭借法术治国而不重视人心改造的做法，真正治理天下的君主是不采用的。

原文

君人之道，其犹零星之尸也①，俨然玄默，而吉祥受福。是故得道者不为丑饰，不伪②善极，一人被之而不褒，万人蒙之而不褊。是故重为惠若重为暴，则治道通矣。

注释

①零星：星名。即灵星。主稼穑。

②伪，通“为”。

译文

君主进行治理的方法，就应当像古代尸主祭祀灵星时一样庄重静默、端坐无言，使祭祀的人在无形之中受到祝福。所以，得“道”的君主从来不为丑陋进行掩饰，也不为美善而隐藏。一个人受到了君主的恩惠，就会觉得太大；万人分享，则就会觉得这种恩惠是微不足道的。因此君主慎重对待恩惠和慎重对待惩暴，不会轻易地向人们施展自己的恩惠，就像他不轻易对人惩处一样。这样，使他治国之道就会更加顺利没有阻碍了。

原文

为惠者，尚布施也。无功而厚赏，无劳而高爵，则守职者懈于官，而游居者亟[1]于进矣。为暴者，妄诛也。无罪者而死亡，行直而被刑，则修身者不劝善，而为邪者轻犯上矣。故为惠者生奸，而为暴者生乱；奸乱之俗，亡国之风。

注释

①亟：急切；迫切。

译文

因为施行恩惠，就会热衷于这件事情，所以才会导致无功者得到奖赏，无劳者得到爵位这种情况的发生，这样一来，使轻易得到爵位官职的人会玩忽职守、松懈职责，而那些闲居游荡的士人也会竭尽全力谋求一官半职。同样，施行惩暴，就会随意诛杀惩罚，以致使那些无罪者得以屈死，品行端正的人受到惩罚，这样一来，使那些注重自我修性的人就不会再努力维持自己的善心，行为不轨的人却会去犯上作乱了。所以轻易广施恩惠容易助长奸邪、轻易施行惩罚容易滋生动乱；而一旦有这种奸邪、动乱的情况出现，就是亡国的征兆。

原文

是故明主之治，国有诛者而主无怒焉，朝有赏者而君无与焉。诛者不怨君，罪之所当矣；赏者不德上，功之所致也。民知诛赏之来，皆在于身也，故务功修业，不受赣[1]于君。是故朝廷芜而无迹，田野辟[2]而无草。故太上下知有之。

注释

①赣：赐予。“章”意为“站立在最前面”。“贡”指“向中原皇宫进献贡品”。“章”与“贡”联合起来表示“在朝贡的队伍中站在头里”。从“贝”，表示与财物有关。

②辟：开辟。

译文

因此，英明的君主治理天下，不会因为国家出现诛罚之事而愤怒，也不会因朝廷有奖赏而感觉到兴奋。这是因为他们罪有应得，受到诛罚的人根本就没有必要去怨恨国君；受到奖赏的人也不用对国君过分感激，因为这些都是他们应得的。而百姓们一旦知道明白这赏罚的由来——均取决于自身表现，也就会努力工作，建功立业，就不会去望君主恩赐什么。这样一来，政府机构——朝廷反而人迹稀少，所有的人都在忙着自己的事情，荒地都没有生长杂草。这就是远古时代的“无为而治”，现在大家都知道。

原文

夫人主之听治也，清明而不暗，虚心而弱志，是故群臣辐凑[①]并进，无愚智、贤不肖莫不尽其能。于是乃始陈其礼，建以为基，是乘众势以为车，御众智以为马，虽幽野险涂则无由惑矣。人主深居隐处以避燥湿，闺门[②]重袭以避奸贼。内不知闾里之情，外不知山泽之形，帷幕[③]之外目不能见，十里之前耳不能闻，百步之外，天下之物无不通者，其灌输之者大，而斟酌之者众也。是故不出户而知天下，不窥牖[④]而知天道。乘众人之智，则天下之不足有也；专用其心，则独身不能保也。

注释

①辐凑：形容人或物聚集像车辐集中于车毂一样。

②闺门：古代称内室的门。也指家门。城门。

③帷幕：用作遮挡的幕布，亦作“帷幙”。指天子谋画决策之处或将帅的幕府。

④牖：窗户；古建筑中室与堂之间的窗子。后泛指窗。

译文

君主治理天下，清明而不昏昧，心胸虚静而心志温和，这样，群臣就会像车轮一样围绕在车轴周围辅佐君主，不管是愚笨的还是聪明的、贤能的还是庸碌的，都会竭尽自己所能。达到这种君臣和谐的境界，才能开始谈论君臣的礼节，也才可以建立治理天下的基础。于是，君主凭借众人力量作为车，驾御众人智慧作为马，这样即使是行走在幽暗险要的道路上，也不会使君主迷失方向。深居隐处，是为了避开燥热和寒湿，室门关闭时为了避奸佞之徒。他内没有亲眼看到过巷里民情，外没有亲自巡视过山川湖泽；居室以外的地方，他两眼只能看到十里以内的东西，两耳只能听到百步之内的声音，可是天下事物却无所不知、无所不通，这是因为向君主输送信息知识的渠道广宽畅通、与君主一起商讨并出谋划策的人有很多。所以他足不出户就能了解天下的事情，眼睛不窥牖而能知天象。充分说明了聚集、发挥众人的智力才能的重要性，只要这样，天下就不够他治理了；而只凭借个人的智力，就有可能连自己的命都难保。

原文

是故人主覆之以德，不行其智，而因万人之所利，夫举踵而天下得所利[①]。故百姓载之上弗重也，错[②]之前弗害也，举之而弗高也，推之而弗猒[③]。

注释

①举踵：踮起脚后跟。引申为企望的意思。

②错：同“措”。

③猒：同“厌”。

译文

所以君主要通过道德的感化来治理国家，而不是一味用人的才智，依顺万民的利益处理事情，即使稍微抬脚就能让天下的人获得利益。这样一来，君主即使在百姓的头顶之上，也不会有压迫的感觉，处在眼前也不会感到碍事、举过头顶也不会感到高不可攀、推崇他也不会产生厌恶感。

原文

主道员者，运转而无端，化育如神，虚无因循，常后而不先也。臣道员者运转而无方者，论是而，处当[①]，为事先倡[②]，守职分明，以立成功也。是故君臣异道则治，同道则乱，各得其宜，处其当，则上下有以相使也。

注释

①处当：处理事务得当。

②先倡：亦作“先唱”。率先倡导。

译文

君主治理国家的方法要尽量圆通，运转不停歇，孕育万物的神奇，虚静无为而因循天道，经常具有后位而不去争先。而下属大臣刚正不阿，行为举止恰当；遇到事先行倡导，职责分明不进行推诿，通过这种方式来建立功绩。所以，君主遵循的道是无为、大臣践行的是有为之道，君臣遵守不同的道义，各司其守，那么天下就会太平；反之，君臣践行同样的道义，那么，天下就会出现混乱的局面；这就是说，君主要做到清静无为，大臣要恪守自己的职位，正确处在应该在的位置上，那么这样，君臣就能够很好地进行配合，互相制约和促进。

原文

故人主诚正，则直士[①]任事，而奸人伏匿[②]矣。人主不正，则邪人得志，忠者隐蔽矣。夫人之所以莫抓玉石而抓瓜瓠者，何也？无得于玉石，弗犯也，使人主执正持平，如从绳准高下，则群臣以邪来者，犹以卵投石，以火投水。故灵王好细要[③]，而民有杀食自饥也；越王好勇，而民皆处危争死。由此观之，权势之柄，其以移风易俗矣。尧为匹夫，不能仁化一里；桀在上位，令行禁止。由此观之，贤不足以为治，而势可以易俗，明矣。《书》[4]曰："一人有庆，万民赖之。"此之谓也。

注释

①直士：正直、耿直之士。

②伏匿：隐藏；躲藏。

③要：要是腰的初文。

④《书》：即《书经》，或称《尚书》，是儒家的经典著作之一。

译文

所以君主如果诚信正直，那么国家政权也必定由正直人士来执掌，谗佞奸邪之徒就没有活动的市场；反之，君主如果不诚信正直，那么得志者必定是谗佞奸邪之徒，忠贞之士就隐退藏匿。人之所以不去剖裂玉石而去剖裂开瓠瓜做瓢，这是什么原因呢？因为剖裂玉石没有什么用处，再加上玉石坚硬不易剖裂。如果君主公平正直，就像用绳墨水准测定曲直高低一样，那么大臣中尽管有人敢搞歪门邪道，但这结果必定是像以卵击石、以火投水那样。这就说明君主在治理国家中的主导作用。正因为这样，所以楚灵王喜欢杨柳细腰，楚国百姓则纷纷效仿缩食减肥；越王崇尚勇武，越国百姓则纷纷处危争死。由此看来，君主的权势，足以产生影响以致移风易俗。当尧还只是一个平头百姓时，他的仁慈感化不了同一巷子里的邻居；而夏桀占居了帝位，便能令行禁止，推行他的一套。再由此看来，贤明倒反而治理不了天下，而权势却能移风易俗，这也是再清楚不过的事实了。《尚书》说："一个人做了善事，万民都依仗着他。"说的就是这种情况。

卷十　缪称

原文

主者，国之心①。心治则百节皆安，心扰则百节②皆乱。故其心治者，支体相遗也；其国治者，君臣相忘③也。黄帝曰："芒芒④昧昧⑤，从天之威，与元同气。"故至德者，言同略，事同指⑥，上下一心，无岐道旁见者，遏障之于邪，开道之于善，而民乡方矣。故《易》⑦曰："同人于野，利涉大川。"

注释

①心：心脏，指地位非常重要。

②百节：泛指全身关节

③君臣相忘：指君臣各司其职，相互配合。

④芒芒：迷茫；模糊不清。芒，通"茫"。

⑤昧昧：纯厚浑朴貌

⑥指：通"旨"，意旨。

⑦《易》：是《易经》的简称。《易经》是一本揭示变化的书，由太极阴阳图和八卦及六十四卦构成《易经》典籍的内容。

译文

君主是一个国家最为重要的组成部分，堪比心脏，如果心脏健全，那么身体的脉络就会畅通无阻，如果心脏功能紊乱，那么就会影响到全身血脉的运行。所以，一个人的心脏健康，肢体就完好；同样，一个国家治理得好，那么君臣一定各司其职。黄帝说得好："至德者纯厚广大，能够承顺上天的道德，精气贯通于上天的元气。"所以，至德者的计划谋略和大臣百姓的意见相符合，办事的旨意与臣民意思相一致，这样君主与臣民同心同德，没有意见上的分歧和偏邪作品，也就能阻塞邪道的发展，从而开启行善之道，人们也就会向正道上行进。所以《易经》上说："君主在郊外聚集民众准备出征，由于上下一心，就一定能跋涉山川渡过难关而取得胜利。"

原文

道者，物之所导也；德者，性之所扶也；仁者，积恩之见证也；义者，比于人心而合于众适者也。故道灭而德用，德衰而仁义生。故上世体道而不德，中世守德而弗怀也，末世绳绳乎[①]唯恐失仁义。君子非仁义无以生，失仁义则失其所以生；小人非嗜欲无以活，失嗜欲则失其所以活。故君子惧失仁义，小人惧失利。观其所惧，知各殊[②]矣。《易》曰："即鹿无虞[③]，惟入于林中。君子几不如舍，往吝。"

注释

①绳绳乎：绳绳：小心谨慎。乎：……的样子。

②殊：不同。

③虞：古代掌管山泽的官，春秋战国时称为虞人。

译文

道是万物的先导；德是扶持人性的存在；仁是为了见证恩德的集聚；义是合乎人心、合乎众人的心愿。所以道被泯灭就以德来取代，德衰微就会衍生仁义。因此，远古圣人之治是依靠"道"的，而不是依靠德，中古圣王之治是谨守"德"而不怀仁爱之美。近代君王治国非常小心，怀抱仁义却生怕失去了"仁义"。君子没有仁义就生存不下去，仁义不存在就意味着丧失了生存的条件；小人没有了嗜欲就活不下去，丧失嗜欲相当于抹杀他的生命。所以君子害怕失掉仁义，小人则害怕失去利益；根据他们害怕的事物，就可以非常明了地知道君子与小人之间的不同。《周易·屯卦》中说："追逐鹿，在没有得到向导的帮助下，就算是追进山林的深处也追捕不到。君子知道追逐不到的东西不如放弃，因为即使继续追逐，可能会面临危险的境遇。"

原文

其施厚者其报美，其怨大者其祸深。薄施而厚望，畜[①]怨而无患者，古今未之有也。是故圣人察其所以往，则知其所以来者。圣人之道，犹中衢而致尊[②]邪，过者斟酌，多少不同，各得其所宜。是故得一人，所以得百人也。人以其所愿于上以交其下，谁弗戴？以其所欲于下以事其上，谁弗喜？《诗》[③]云："媚兹一人，应侯慎德。"慎德大矣，一人小矣；能善小，斯能善大矣。

注释

①畜：通"蓄"，积蓄。

②尊：同"樽"，古代的盛酒器具。

③《诗》：汉代后专指我国最早的诗歌总集《诗经》，已有两千多年的历史。

译文

如果施予别人的丰厚，那么得到的回报也会丰厚很多；如果结怨比较深，那么招致的祸害也必然深大。施予别人的相当浅薄却得到丰厚的回报、积怨深厚却一直都没有招致祸患，这样的事情，从古到今还没有发生过。所以圣人知道在和什么样的人进行交往，也就知道别人将怎样回报自己。圣人的处事方法，就像是在通达的道路上设置了酒樽，以酒款待行人，行人喝酒多少，按自己的酒量来决定，喝多喝少以每人的适量为标准。所以能够赢得一个人的心，也就能够影响更多的人前来归附和拥戴。如果一个人能够用他希望上司对待他的态度来对待自己的下属，怎么会有下属不爱戴他呢？如果一个人能够用他要求下属对待他的态度来对待自己的上司，怎么会存在不喜欢的上司呢？《诗经》说："从爱护每个人做起，帮助周武王积聚了崇高的功德。"崇高的功德是伟大的，关爱人的善举是微不足道的；但正因为能从积累每一件小的善行开始，才能形成崇高的美德。

原文

君子见过忘罚，故能谏[①]；见贤忘贱，故能让；见不足忘贫，故能施。情系于中，行形于外。凡行戴[②]情，虽过无怨；不戴其情，虽忠来恶。后稷[③]广利天下，犹不自矜；禹无废功，无废财，自视犹觖[④]如也。满如陷，实如虚，尽之者也。

注释

①谏：规谏、进谏。旧时指对君主、尊长的言行提出批评或劝告。

②戴：通“载”，饱含。

③后稷，周朝的始祖，姬姓，名弃，曾经被尧举为“农师”，被舜命为后稷。后稷教民耕种，被认为是开始种稷和麦的人。

④觖：古同“抉”，挑剔、不满意。

译文

君子看到他人的过失，就会忘掉批评他人有可能会给自己遭来责罚，所以他敢于直言进谏；君子看到贤才，就不会在乎这位贤才可能会威胁到自己的地位，所以他非常高兴可以举荐贤才；君子看到衣足不足的穷苦大众，就会忘掉通过接济会给自己带来多大的损失，招致自己的贫寒，所以他能慷慨解囊，给予施舍。圣人君子的内心世界同真情维系，就会在外在行动中彰显出来。凡是言行饱含真情、流露真意，即使有过过失，别人也不会怨恨；言不由衷、行为虚假，即便是装出一副非常忠诚的模样，也会招人讨厌、憎恶。后稷为天下的百姓谋取福利，从来都没有进行自我夸耀；夏禹治水没有白费民力，也没有浪费钱财，但他从不自满。他们就是在完美中能够寻找到缺陷，在充实中看到不足，所以他们才能使自己尽善尽美起来。

原文

圣人在上，则民乐其治；在下，则民慕其意。小人在上位，如寝关曝纩[①]，不得须臾宁。故《易》曰："乘马班[②]如，泣血涟如[③]。"言小人处非其位，不可长也。

注释

①寝关曝纩：人睡在关隘之上，蚕茧晒在日光之下。

②班，通"盘"，盘旋，徘徊。

③涟如：亦作"涟洳"。泪流的样子。

译文

圣人处于上位，百姓对他的管理非常容易接受；圣人即使不在位上，百姓也会因为他的思想和志向而产生仰慕之情。但是如果让小人处于统治的地位，那么百姓就如同在发动机上睡觉，穿着棉袄晒太阳，没有一刻处于安定的环境中。所以《易经》说："骑马徘徊不安，面临血泪淋淋的险境。"就是说小人处在本不属于他的地位上，那么人们的日子就会很难过，小人也不可能长久处于这种统治地位。

原文

物莫无所不用。天雄乌喙[①]，药之凶毒也，良医以活人。侏儒瞽师[②]，人之困慰者也，人主以备乐。是故圣人制其剟材[③]，无所不用矣。

注释

①乌喙：中药附子的别称。以其块茎形似得名。

②瞽师：盲乐师。

③剟材：谓身有残疾的人材。

译文

物没有没有用的，天雄和乌头是救命的草药，也含有毒药，但良医却能用这种剧毒药来救治人的性命。侏儒和盲人，是人中间最困窘愁郁的人，但君主却用他们做乐官和乐师。所以君主圣人对待人物，就像巧匠裁取砍削木材一样，没有什么可以被弃舍不用的。

原文

心之精者，可以神化，而不可以导人；目之精者，可以消泽，而不可以昭認[①]。在混冥[②]之中，不可谕于人。故舜不降席而天下治，桀不下陛而天下乱，盖情甚乎叫呼也。无诸己，求诸人，古今未之闻也。同言而民信，信在言前也；同令而民化，诚在令外也。圣人在上，民迁而化，情以先之也。动于上，不应于下者，情与令殊也。故《易》曰：“亢龙有悔[③]。”三月婴儿，未知利害也，而慈母之爱谕焉者，情也。故言之用者，昭昭乎小哉！不言之用者，旷旷乎大哉！

注释

①昭認：告诫。

②混冥：原始蒙昧的状态。

③亢龙有悔：亢：至高的；悔：灾祸。意为居高位的人要戒骄，否则会失败而后悔。

译文

精诚的真心可以非常神奇地感化别人，但并不适合用来说教他人；明亮精粹的眼睛可以在无形中察知事物，但是却不能去教导他人。心和眼的这种功能，没有形迹，也没有办法把握，人们无法得知其中蕴含的奥秘。所以舜不离坐席却能够管理好整个国家，桀不下台阶却能导致天下混乱，这些都是由于感情影响而导致的，并不是要远远超过人们的呼叫，没有办法办成的事情，却要求他人一定要做到，自古以来都没有听说过。百姓们赞同你的言论并且说话诚实，是由于你在对百姓作说教前一向说话诚实；百姓服从执行你的命令并且被教化好，是由于你的发号施令的时候是非常真诚的。圣人处于上位，百姓被慢慢归顺和感化，同样也是因为圣人对百姓的感情是真情实感的。反过来说，君王处在高位发布政令，下面的百姓却不去响应他，这是因为君王的真情和政令是不统一的。所以《易经》会说这样地话：“身处高位的君主为自己的骄傲横蛮带来的恶果而后悔。”三个月大的婴儿，还不知利害关系，但却能感受到慈母的爱心，这是母子间

的真情相通所致。由此看来，言教的作用真是小之又小，而不言之教的功效却是大之又大！

原文

身君子之言，信也；中君子之意，忠也。忠信形于内，感动应于外。故禹执干戚[1]舞于两阶之间，而三苗[2]服。鹰翔川，鱼鳖沈，飞鸟扬，必远害也。子之死父也，臣之死君也，世有行之者矣，非出死以要名也，恩心之藏于中，而不能违[3]其难也。故人之甘甘，非正为蹠也，而蹠焉往。君子之惨怛[4]，非正为伪形也，谕乎人心，非从外入，自中出者也。义正乎君，仁亲乎父。故君之于臣也，能死生之，不能使为苟简易。父之于子也，能发起之，不能使无忧寻[5]。故义胜君，仁胜父，则君尊而臣忠，父慈而子孝。

注释

①干戚：干，盾牌；戚，大斧。

②三苗：又叫“苗民”、“有苗”。中国传说中黄帝至尧舜禹时代的古族名。

③违：违背，避开。

④惨怛：悲痛；忧伤。

⑤寻，通“憛”。

译文

能够亲身践行君子说过的话语，这叫作“信”；能够符合君子的意向，这叫“忠”。“忠”和“信”一旦在内心中形成以后，就会对外界产生感化作用。所以禹手执盾牌和大斧在宫廷台阶前跳起古舞，是想要达到德治而进行武力的征讨，从而促使三苗臣服。老鹰徘徊飞翔在江河的上空，鱼鳖看到之后慌忙沉入水底、鸟也向更远的地方飞去，是因为它们感受到了老鹰的危险，所以尽早远远躲避。儿子能为父亲去死、大臣能为君主舍命，这些事情历朝历代都有发生，当然不是用生命换取名利，只不过他们心中有感恩之情，所以他们不怕也不会逃离。人们情愿选择自己喜欢的事情去做，并不是为了实现某种意愿和目的，但是事实上，这种意愿反而会经常实现；同样，君子的忧伤悲痛，并不是显现在表面上，而是为了让人们理解。这些都在于他们的这种情感不是迫于外力，而是真的产生于内心世界。“义”的重要性要超过君王的重要性，同样，“仁”的位置应置父亲之上。所以，君王对臣下，可以有权决定他们的生死，但不能让重“义”的臣下迎合君主而改变道义；父亲对儿子，可以呼来唤去使用他们，但不能让讲仁行孝道的儿子不为父母亲忧虑挂念。所以，将“义”和“仁”置于君与父之上，由此也导致社会是君尊而臣忠、父慈而子孝。

原文

圣人在上，化育如神。太上曰①：“我其性与?”其次②曰：“微彼其如此乎?”故《诗》曰：“执辔③如组。”《易》曰：“含章④可贞。”动于近，成文于远。夫察所夜行，周公不惭乎景。故君子慎其独也，释近斯远，塞矣!

注释

①太上：上古时期无为而治的时代。

②其次：文中指接下来的五帝时代。

③执辔：手持马缰驾车。

④含章：古代名刀名。章，通“商”

译文

圣人身处上位，他的教化就像神灵一样应验。远古的明主说：“我只是顺其自然，通过无为而治理天下。”以后的德治社会中的五帝说：“百姓如果没有拥护我，天下怎么能如此地太平安乐呢。”所以《诗经》如此说：“手执驾御缰绳，如同丝线织帛。”《易经》上说：“怀有高尚情操，行为就能走上正道。”所以说能够注意自身的修养，就能获得深远的美好结果。也因为这样，周公能在黑夜里都会三省其身，做到身正影正，没有愧疚的地方。这就是君子的“慎独”。反过来说，如果对自己的修养一点都不在意，却想实现远大的目标，是行不通的。

原文

积薄为厚，积卑为高，故君子日孳孳[1]以成辉，小人日怏怏[2]以至辱。其消息也，离朱弗能见也。文王闻善如不及，宿不善如不祥，非为日不足也，其忧寻推之也。故《诗》曰：“周虽旧邦，其命维新。”

注释

①孳孳：通“孜孜”，勤勉；努力不懈。

②怏怏：不服气或闷闷不乐的神情。

译文

薄的累积多了，就能够变得很厚，低的经过积攒也能变得很高。所以君子每天都会行善，乐此不疲，这就是为了形成光辉的美德，小人每天因贪心不足而不高兴，从而导致了道德败坏，受尽了屈辱。这里面变化的道理，就是像离朱那样的人也没有办法参透。周文王听到善事可行，就生怕自己赶不上一样，对于不好的地方，即使是一晚上也会睡不踏实，这并不是只偶然存在的状态，而是忧虑长此以往，就会变得不可收拾。所以《诗经》说：“周国虽然是古老之邦，但它的国运却正在新兴。”

原文

怀情抱质，天弗能杀，地弗能埋也，声扬天地之间，配日月之光，甘乐之者也。苟乡[1]善，虽过无怨；苟不乡善，虽忠来患。故怨人不如自怨，求诸人不如求诸己得也。声自召也，貌自示也，名自命也，文自官也，无非己者。操锐以刺，操刃以击，何怨乎人？故管子[2]文锦也，虽丑登庙；子产[3]练染也，美而不尊。虚而能满，淡而有味，被褐怀玉者，故两心不可以得一人，一心可以得百人。男子树兰，美而不芳，继子得食，肥而不泽[4]。情不相与往来也。

注释

①乡：通“向”。原先，从前，以前。

②管子：即管仲，名夷吾，字仲，谥敬，也被称为管夷吾、管敬仲，春秋时期法家代表人物。

③子产：姓公孙，名侨，字子产，号成子。中国春秋时期政治家，思想家。

④泽：通“怿”，高兴。

译文

怀着真情，拥抱质朴，即便是上天也没有办法将其扼杀，大地也没有办法将其埋没，声威在天地之间传播，可与太阳、月亮的光辉进行比较，这是一件多么美好而快乐的事情啊。如果能向善从善，即便事情做错了，也不会招来埋怨；如果不能向善从善，即使忠诚也会招引来很多祸患。所以怨天尤人还不如找找自身的缺陷，要求别人还不如严格要求自己。声音是自己发出来的，容貌模样是自己显示出来的，名声好坏是自己平时形成的，文辞言语也是长年累月积累下来的，全部都取决于自己的行为。拿着锐利的刀剑去攻击别人，让别人受到伤害，这样的祸患怎么能埋怨别人不避让你的刀剑呢？所以管子尽管平时有不少不拘小节的丑行，但他胸怀立功名扬天下的壮志，终于能锦衣玉食，政绩被记载在齐国的宗庙里；子产尽管平时仁慈宽厚，但此美德不过被人贬为妇人之心、如人之母，最终自己也享受不到尊严富贵。很多时候，看上去空荡荡，实际上却很充实，最初品尝的时候感觉清淡无味，但是细细回味却是无穷尽的，那些身着粗布短衣却怀揣宝玉的人就是这样。所以，心有二心、情不专一的人，甚至都不会得到朋友的信赖，而那些诚心专一、感情专一的人却能获得很多人的喜欢。男子汉种出的兰草，看似艳丽却无芳香；由后娘养的小孩，看似壮实却无神采，这是因为双方都缺乏内在天生的情分沟通和培育滋润。

原文

生，所假也；死，所归也。故宏演直仁而立死，王子闾[①]张掖[②]而受刃，不以所托害所归也。故世治则以义卫身，世乱则以身卫义。死之日，行之终也，故君子慎一用之。无勇者，非先慑也，难至而失其守也；贪婪者，非先欲也，见利而忘其害也。虞公见垂棘之璧，而不知虢祸之及已也。故至道之人，不可遏夺也。

注释

①子闾：芈姓，名启，字子闾，又称公子启，楚平王之子，楚昭王之兄。

②掖，通“腋”。

译文

生命只是人世间的一种寄寓物，死亡才是必然的归宿。所以弘演为了申张仁义而毫不犹豫地站着捐躯牺牲，王子闾为扶助正义而毫无惧色地蒙受刀砍剑刺，他们都不为偷生而妨害到死得其所。所以处于治世则用义来维护自己的洁身自好，处于乱世则用自身来维护正义，乃至不惜牺牲生命。这条原则要坚持到死的那天为止。所以君子在这生死问题上是毫不含糊的。没有勇气的人，并不是先天就胆怯恐惧的，只是到灾难来临时才丧失了应有的操守；贪婪的人，也并不是生来就欲壑难填，只是看到了利益而忘掉了贪利的危害。虞国国君在看到了晋国送上的垂棘璧石时就忘掉了虢国亡国的灾难将很快会殃及自身这一点。所以只有达到“道”的境界的人，才能够不改变、不遏制他的信念。

原文

人之欲荣也，以为己也，于彼何益？圣人之行义也，其忧寻出乎中也，于己何以利？故帝王者多矣，而三王独称；贫贱者多矣，而伯夷[①]独举。以贵为圣乎？则圣者众矣。以贱为仁乎？则贱者多矣。何圣、仁之寡也？独专之意，乐哉忽乎，日滔滔以自新，忘老之及己也，始乎叔季[②]，归乎伯孟，必此积也。

注释

①伯夷：子姓，名允，是殷商时期契的后代。后周武王讨伐纣王，伯夷和叔齐不满武王身为藩属讨伐君主，加上自己世为商臣，力谏。武王不听，不久周灭亡商朝。

②叔季：兄弟排行，次序为：伯、仲、叔、季。

译文

一般人都想得到荣耀好处，也都是为了自己，对别人是没有什么好处的。圣人做善事行义事，这忧思出自圣人的内心，所以对他本人有什么好处？所以自古以来做帝王的够多的了，但只有汤王、夏禹、文王受人称颂；社会上贫贱的人够多的了，但只有伯夷被抬举得很高。如果现在我们将凡地位尊贵者都等同于圣人的话，那么天下的圣人就该多得不得了了；如果现在我们将地位贫贱者都等同于仁者的话，那么天下的仁者就该多得不得了了。但实际上圣人、仁者少之又少，这是为何原因呢？这是因为要想成为圣人、仁者，你就得专心致志、全心全意、心甘情愿地行善从善，如滔滔奔流的江河，每天都得有发展、长进和进步，乃至关注行善而忘乎衰老将降临自身，开始时收获不大，最终的成果则很大很多，这种为圣人做仁者的过程也是长期坚持不懈行善从善的积累过程。

卷十一　齐俗

原文

率性而行谓之道，得其天性谓之德。性失然后贵仁，道失然后贵义。是故仁义①立而道德迁矣，礼乐②饰则纯朴散矣，是非形则百姓眩③矣，珠玉尊则天下争矣。凡此四者，衰世之造也，末世之用也。

注释

①仁义，是儒家的重要伦理范畴。其本意为仁爱与正义。

②礼乐：中国古代文明的重要组成部分。

③眩：迷惑；迷乱。

译文

遵循天性而行叫作道，得到这种天性叫作德。天性丧失以后才崇尚仁，道丧失以后才崇尚义。所以仁义树立起来也就说明道德蜕化。礼乐制定施行也就说明纯朴散逸；是非显示反而使百姓迷惑，珠玉尊贵起来致使人们为之互相争夺。所以说，仁义、礼乐、是非、珠玉这四者的产生，说明世道衰落，是末世所利用的东西。

原文

夫礼者所以别尊卑，异贵贱；义者所以合君臣、父子、兄弟、夫妻、朋友之际也。今世之为礼者，恭敬而忮①；为义者，布施而德。臣以相非，骨肉以生怨，则失礼义之本也，故搆②而多责。夫水积则生相食之鱼，土积则生自穴之兽，礼义饰则生伪匿之本。夫吹灰而欲无眯，涉水而欲无濡，不可得也。

注释

①忮：主要为害，嫉妒，忌恨之意。

②搆：构怨，结怨之意。

译文

礼原本是用来区别尊卑、分别贵贱的；义原本是用来协调君臣、父子、兄弟、夫妻、朋友间关系的。但今天讲礼节的人，外表恭敬而内心嫉恨；讲义理的人，施舍他人却希望得到回报。君臣之间互相非难，骨肉之间互相怨恨，这样就失去了原本提倡礼义的目的和意义，反而使人们因结怨而互相责难。水积聚得深广就会产生能互相吞食的大鱼，土堆积成山则会产生互相伤残的猛兽，礼义的制定和施行则会产生伪善君子。尘土飞扬、灰尘蒙脸却不想眯眼，过河涉水却不想打湿脚，这实际上是不可能的。

原文

乃至天地之所覆载，日月之所照谌，使各便其性，安其居，处其宜，为其能。故愚者有所修，智者有所不足；柱不可以摘齿，筳不可以持屋；马不可以服重，牛不可以追速；铅不可以为刀，铜不可以为弩；铁不可以为舟，木不可以为釜。各用之于其所适，施之于其所宜，即万物一齐，而无由相过。夫明镜便于照形，其予以承食，不如竹箅；牺牛骍[1]毛，宜于庙牲，其于以致雨，不若黑蜧[2]。由此观之，物无贵贱。因其所贵而贵之，物无不贵也；因其所贱而贱之，物无不贱也。

注释

①骍：赤色的马和牛，亦泛指赤色。

②黑蜧：传说中的神蛇。

译文

好在上天覆盖、大地承载、日月照亮，万物才能够根据自己的生性

来各安其居、各处其宜、各为其能。所以，愚者也有他的长处，智者也有他的不足；木柱是无法用来剔牙的，发簪不可能被用作撑屋的；马不适合进行驾驭，牛难以追速；铅不能用来铸刀，铜不能用来制弩；铁不能用来造船，木不能用来制锅。这正好说明事物各有它所适宜的范围，只有将它们放在合适的场景下，它们的作用才能充分发挥出来，而在它们的有用性这点上来看，它们又是一致的。所以对物不能说长道短、厚此薄彼。明镜用来照人是最好不过的，但是将它放在甑里来蒸饭，那么功效就要比炊箅逊色了很多；牺牛毛色纯一，用来作为祭祀的牺牲是再合适不过了，但用它来求雨，就比不上神蛇。由此看来，事物无所谓贵贱，如从它们的有用性、可珍贵这一点来断定它们的贵重，那么就没有什么东西不是贵重的；如抓着它们的无用性、低贱性来判断它们的低贱，那么就没有什么不是低贱的。

原文

夫玉璞不厌厚，角觡不厌薄；漆不厌黑，粉不厌白。此四者相反也，所急则均，其用一也。今之裘与蓑[①]孰急？见雨则裘不用，升堂则蓑不御。此代为帝者也，譬若舟、车、楯、肆、穷庐[②]，故有所宜也。故《老子》[③]曰“不上贤”[④]者，言不致鱼于水，沉鸟于渊。

注释

①蓑：即蓑衣，是劳动者用一种不容易腐烂的草编织成厚厚的像衣服一样能穿在身上用以遮雨的雨具。

②穷庐：即“穹庐”，文中指轿子。

③《老子》：又称《道德经》《道德真经》《五千言》《老子五千文》等。该书是中国古代先秦诸子分家前的一部著作，为其时诸子所共仰，相传是春秋时期的老子所作，是道家思想的主要来源。

④不上贤：见《老子》第三章。

译文

对于玉璞来说，人们希望它越厚越好，对于角觡而言，人们则希望它越薄越好；同样，对于漆，人们不会因为黑而嫌弃它；对于粉，人们不会嫌它白。这四样东西，人们对它们的要求完全相反，但当人们急需用到它们时，就有用性来说又是一致、一样的。这就好比裘和蓑，对人来说哪一件更急需？这要看情形而定，下雨了就用不上裘衣，而一进屋室就用不到蓑衣。这是因为特殊的环境决定了它们的更替使用。这也就像船、车、楯、肆、穷庐本来就有它们所适宜的地方一样。所以《老子》说"不要崇尚贤能"的意思是说不要将鱼赶到树上、把鸟沉到深渊。

原文

故尧之治天下也，舜为司徒①，契为司马②，禹为司空③，后稷为大田师④，奚仲为工。其导万民也，水处者渔，山处者木，谷处者牧，陆处者农。地宜其事，事宜其械，械宜其用，用宜其人。泽皋⑤织网，陵阪⑥耕田，得以所有易所无，以所工易所拙。是故离叛者寡，而听从者众。譬若播棋丸于地，员者走泽，方者处高，各从其所安，夫有何上下焉？若风之过箫，忽然感之，各以清浊应矣。夫猿狖得茂木，不舍而穴；狟⑦狢⑧得埵防，弗去而缘。物莫避其所利而就其所害。

注释

①司徒：我国古代的一个重要官职名，由《周礼》地方官司徒演变而来。

②司马：殷商时代始置，位次三公，与六卿相当，与司徒、司空、司士、司寇并称五官，掌军政和军赋。

③司空：中国古代官名。西周始置，位次三公，掌水利、营建之事，金文皆作司工。

④大田：掌管农事的官员。师：刘文典说当在下句"工"字之下。工师乃官名，掌管百工。

⑤泽皋：沼泽。

⑥陵阪：山坡。

⑦狟：同“貆”。

⑧狢：同“貉”。

译文

所以尧帝治理天下的时候，任命舜为司徒，负责掌管教化方面的事宜；他任命契为司马，掌管军中的事物；他任命禹为司空，负责工程建筑方面的事情；他任命后稷为大田，负责掌管农业；他任命奚仲为工师，掌管百工。尧帝就是这样，特殊情况特殊处理，让居住在水边的百姓从事渔业，让生活在山林中的人从事林业伐木，让居住在川谷的人们从事牧业，让生活在平原的人们从事农业。每一个地方都有适合它的行业，各种行业又有适合它的器械工具，各种器械工具又均有它的适当用途，各种用途又有适合使用器械的人。湖泽地区的人们为了捕鱼方便而编织鱼网，捕鱼捉虾；生活在丘陵地带的人们耕种田地，生产衣食。这样就能用自己富余的东西去换取没有的物品，用自己能够生产的物品去换回自己不会生产的物品。因此，离叛的人少而听从的人多。就好比把棋子和弹丸倒撒在地上，圆形的东西滚入低洼处，方形的停留在高处，各自都找到了最为适合自己的场所，在这个意义上说，它们有什么高低贵贱之分？这就像是疾风吹过箫管，忽然振动空气，使长短不一的竹管发出高低、清浊不同的乐音。那猿猴得到一片茂密的树林，就不愿舍弃而去打洞；貉与豪猪有了在堤防上挖的洞穴，就不会去爬树筑巢。万物都会接受对自己有利的东西，而去避开可以对自己产生危害的东西。

原文

凡以物治物者不以物，以陆①；治陆者不以睦，以人；治人者不以人，以君；治君者不以君，以欲；治欲者不以欲，以性；治性者不于性，以德；治德者不以德，以道。原人之性，芜濊②而不得清明者，物或堁之也。羌、氐、僰、翟，婴儿生皆同声，及其长也，虽重象、狄騠，不能通其言，教俗殊也。今三月婴儿，生而徙国，则不能知其故俗。由此观之，衣服礼俗者，非人之性也，所受于外也。夫竹之性浮，残以为牒，束而投之水则沉，失其体也。金之性沉，托之于舟上则浮，势有所支也。夫素之质白，染之以涅则黑；缣之性黄，染之以丹则赤；人之性无邪，久湛于俗则易，易而忘本，合于若性。故日月欲明，浮云盖之；河水欲清，沙石濊之；人性欲平，嗜欲害之。惟圣人能遗物而反己。夫乘舟而惑者不知东西，见斗极③则寤矣。夫性，亦人之斗极也。有以自见也，则不失物之情；无以自见，则动而惑营。譬若陇西之游，愈躁愈沈。孔子谓颜回曰："吾服汝也忘，而汝服于我也亦忘。虽然，汝虽忘乎，吾犹有不忘者存。"孔子知其本也。

注释

①陆：原作"睦"。

②芜濊：亦作芜秽，污秽、污浊。濊：通"秽"。污浊。

③斗极：北斗星与北极星。

译文

万物的生存发展和万物的本身没有多大关系，而在于它们生长的土地；而治理土地同样不在于土地本身，而取决于人如何进行治理；同样，治理人本身不在于人，而在于君王；君王要调治的是欲念，而摒弃欲念不在于消极地压制欲念，是在于积极地对性情加以修养；修养性情不限于性情本身，而是想达到"德"的要求和境地；达到"德"的境地也不是最高的境界，只有和道体相互融合才是最好最高的境地。追究一下人性的发展变化，可以知道，人性变得杂乱污浊而不清净洁明，是因为受外界灰尘的污蒙太深了。羌、氐、僰、翟，他们生出的婴儿哭声是相同，但是等到长大承认之后，只能通过翻译才能明白彼此的意思，离开翻译就无法进行沟通，这是因他们从小受的教养和习俗是不相同的。由此看来，衣饰礼仪风俗，不是人生下来就拥有的，而是在外界的影响下形成的。竹子的特性是能漂浮在水面上，但是当它被砍削成竹简，捆成一束放在水面上的时候，很快就会沉入水中，这是因为经过砍削，竹子中空的特性被破坏了。金属物入水便沉，但将它们放在船上，有船依托就会

随船漂浮水面，这是因为金属物有了船的依托所致。原本洁白的绢绸，用涅染过便变黑，原本黄色的绢绸，用朱砂一染就变成了红色。人的本性本来清正无邪，但长期处于坏的习俗中就会濡染而改变，一旦改变也就遗忘掉了原本的本性，反而能和他周围的人群合拍了。所以说，日月总是想发光明的，但浮云遮盖了它；河水原本应是清澈的，但泥沙污浊了它；人的天性应是平和的，但欲念扰乱了它。正因为这样，只有圣人能抛开外物的诱惑而归回到原本平和的本性。乘船夜航迷失方向而不辨东西南北，在看到了北斗星和北极星后才醒悟。这人的平和淡泊的本性是人心中的北斗星和北极星。能够发现自己的平和淡泊本性，就不会丧失事物的常情和常理；不能发现自己的平和淡泊本性，就会在外物的诱惑下迷乱。就好像陇西之游，越急躁越沉重。孔子对颜回说："我以前的那些言行，你可以忘掉；你向我学到的那些言行，我也要忘掉。虽然如此，你忘掉以前的我，我还有可值得记取的新精神保存着呢！"这说明孔子是一个懂得返归根本之"道"的人。

原文

礼者实之文也，仁者恩之效也。故礼因人情而为之节①文，而仁发併以见容②。礼不过实，仁不溢恩也，治世之道也。夫三年之丧，是强人所不及也，而以伪辅情也；三月之服，是绝哀而迫切之性也。夫儒、墨不原人情之终始，而务以行相反之制，五缞③之服。悲哀抱于情，葬埋称于养，不强人之所不能为，不绝人之所不能已，度量不失于适，诽誉无所由生。

注释

①节：政验。

②发併：流露，形于颜色。

③五缞：古代按居丧时间长短所分的五种丧服，可以分为斩缞、齐缞、大功、小功、缌麻五种。

译文

礼仪是现实生活中人际关系、感情的表现形式；而仁慈的行为则真实验证了内心的恩德。所以礼仪是依据人的感情，和感情相互契合的，而仁慈是内心仁爱的人自然流露在面容上的表情。正因为这样，礼仪形式不可能超出实际感情，而仁慈的行为也无法超越内心仁德的范围。这是治世的一般道理。规定子女为父母服三年之丧，这就是勉强人们去做难以做到的事，而人们为了做到这点，就只能以虚假的感情来应付这三年之丧；实际上规定子女为父母服丧三个月倒是切合人性：人们在这三个月中能充分表达哀情。这正说明，儒墨两家并没有仔细对人的感情活动进行研究，硬性做出了违反人之常情的礼节，还规定丧服等差和期限。表达悲哀的仪式要合乎实情，安葬父母的葬礼要对得起养育之恩。不强求人做不能做到的事，也不强行阻绝人所不能停止的事，所有礼仪形式的规定要恰如其分，这样就不太会受人非议。

原文

古者非不知繁升降槃还之礼也①，蹀《采齐》②《肆夏》③之容也，以为旷日烦民而无所用，故制礼足以佐实喻意而已矣。古者非不能陈钟鼓、盛管箫、扬干戚、奋羽旄，以为费财乱政，故制乐足以合欢宣意而已，喜不羡于音。非不能竭国麋民，虚府殚财，含珠④鳞施⑤，纶组节束⑥，追送死也，以为穷民绝业而无益于槁骨腐肉也，故葬埋足以收敛盖藏而已。昔舜葬苍梧，市不变其肆；禹葬会稽之山，农不易其亩。明乎生死之分，通乎侈俭之适者也。

注释

①槃还：古代行礼时回旋揖让的动作。

②《采齐》：亦作“采齐”。古乐曲名。

③《肆夏》：古代乐舞名，泛指宴饮、迎送宾客之乐。

④含珠：死者口中所含之珠。

⑤鳞施：古代贵族丧葬时给死者穿戴的玉衣。用玉片串缀而成，施于死者之体如鱼鳞状，故名。

⑥节束：逐节缠束。

译文

古人并不是不知道繁琐的尊卑谒见礼节，跳《采齐》《肆夏》那样的舞蹈，而是认识到用这种繁文缛节旷日烦民，实在毫无意义，所以制定礼仪只要能表达出自己的真情实意就可以了。古人也并不是不会陈设钟鼓、吹奏管箫、舞动干戚、挥动羽旄、纵情欢乐，而是认为这样做的后果只是能够浪费财物、扰乱政事，所以乐礼的制定，只要符合能够抒发感情就可以了，为不至于喜庆得沉溺于歌舞之中不能自拔。古人也并不是不会消耗国力、劳民伤财，为达官贵人举行葬礼，让死者口含珠玉、衣着玉衣，用绵丝裹束，以追悼死者，而是认识到这样做只能使百姓更穷困、事业受破坏，而对死者的枯骨腐肉毫无益处，所以安葬只求能够收埋掩盖就行。过去舜南巡去世于苍梧，就地埋葬，而且也没有进行任何的国葬仪式，都市店家照样开门营业；禹视察江南死后埋于会稽山，农民照常在田间耕作劳动。他们这些人是真的懂得生死之分的道理，也通晓奢侈和节俭之间的界限。

原文

乱国则不然：言与行相悖[①]，情与貌相反；礼饰以烦，乐扰以淫；崇死以害生，久丧以招[②]行。是以风俗浊于世，而诽誉萌于朝。是故圣人废而不用也。

注释

①悖：和事实相冲突，违背。

②招：通“昭”。

译文

乱国就不是这个情况了，他们说的和做的不一样，内心想的和外表表现不一样；礼仪形式花头花脑，音乐花俏而失去节度；看重死者而损害活人，而服丧三年以孝行哗世则更是束缚人的本性行为。因此世风浑浊，诽谤朝政的事也就时有发生，所以英明的君主就废除他们的那一套而不用。

原文

义者循理而行宜也，礼者体情制文者也。义者宜也，礼者体也。昔有扈氏①为义而亡，知义而不知宜也；鲁治礼而削，知礼而不知体也。有虞氏之礼②，其社用土，祀中霤？葬成亩，其乐《咸池》《承云》《九韶》，其服尚黄。夏后氏其社用松，祀户，葬墙置翣，其乐《夏籥》③九成、《六佾》《六列》④《六英》，其服尚青。殷人之礼，其社用石，祀门，葬树松，其乐《大濩》⑤《晨露》⑥，其服尚白。周人之礼，其社用栗，祀灶，葬树柏，其乐《大武》《三象》《棘下》，其服尚赤。礼乐相诡，服制相反，然而皆不失亲疏之恩、上下之伦。今握一君之法籍，以非传代之俗，譬由胶柱而调瑟也。

注释

①有扈氏：古部落名。

②有虞氏：中国古代汉族传说中五帝之一的舜帝部落名称。有虞氏部落的始祖是虞幕。

③《夏籥》：夏后氏的文舞之乐。

④《六佾》《六列》：古乐名。

⑤《大濩》：是商代乐舞，和夏代的乐舞《大夏》一起在奴隶制社会成为昭显统治者功德的工具。

⑥《晨露》：商汤时乐歌名。

译文

所谓“义”，就是依循事情的发展规律事理；所谓“礼”，就是为体现真实感情而制定的仪式。“义”本来的含义就叫“宜”，“礼”本来的含义就是体现情感。过去有扈氏就是死抱着过时的“义”而被启杀害，这是因为他只知道“义”而不知道“义”还要适合时宜；鲁国是以孔孟儒家的礼法来治国的，但结果国力日益衰弱，这是因为鲁国国君不知道“礼”是要体现真情实意的。有虞氏的礼法是：他们用土堆成社神，季夏六月祭祀宅神，人死后埋于耕地下面，音乐则有《咸池》《承云》和《九韶》，而服饰崇尚黄色。夏后氏的礼法是：他们用松木做成社神，于春天祭祀户神，丧葬时灵车棺柩四周围上帐幔，并装饰着翣扇样的饰物，音乐则有《夏篇》《九成》《六佾》《六列》和《六英》，而服饰崇尚青色。殷人的礼法是：他们用石头做成社神，在秋季祭祀门神，有在坟上种上松树的丧葬礼法，音乐则有《大濩》和《晨露》，而服饰崇尚白色。周人的礼法是：他们用栗木做成社神，在夏季祭祀灶神，葬礼有在墓上种松树的习惯，音乐则有《大武》《三象》和《棘下》，而服饰崇尚赤色。这上述四代的礼乐因时代变迁而发生很大变化，同样服饰也各不相同，但是他们的礼法都体现了亲疏的感情和上下的人伦。现在如果死抓住一国之礼法或一君之法籍，以它来否定、非难世代变化了的礼俗，这就好像胶住弦柱而想调瑟一样。

原文

故明主制礼义而为衣，分节行而为带。衣足以覆形，从《典》[①]《坟》[②]，虚循挠，便身体，适行步，不务于奇丽之容，隅眥之削。带足以结纽收衽，束牢连固，不亟于为文句疏矩之鞻。故制礼义，行至德，而不拘于儒墨。

注释

①《典》：文中指《尚书·舜典》。

②《坟》：上古的书籍。

译文

所以说，圣明的君主制定礼仪的时候就像是在做衣裳一样，规定节行和衣带的制作是一样的。衣能遮挡住身体就可以了，只要是合乎常规就行了，能宽松舒适、行走方便那就是锦上添花了；不需要追求奇异的外表以及裁剪的花哨。衣带能够打成纽结、束紧衣襟就行，不必讲究在上面绣上什么特别的花纹。所以说，制定礼义的根本要求，是帮助人规范思想、道德；在这意义上说，我们也没有必要拘泥于儒墨的那一套伦理了。

卷十二　道应

原文

白公问于孔子曰："人可以微言?"孔子不应。白公曰："若以石投水中何如[1]?"曰："吴越之善没者能取之矣。"曰："若以水投水，何如?"孔子曰："菑渑之水合，易牙尝而知之。"白公曰："然则人固不可与微言乎?"孔子曰："何谓不可！谁知言之谓者乎！夫知言之谓者，不以言言也。争鱼者濡，逐兽者趋，非乐之也。故至言去言，至为无为。夫浅知之所争者，末矣!"白公不得也，故死于浴室。故老子曰："言有宗，事有君。夫唯无知，是以不吾知也。"白公之谓也。

注释

①何如：指如何，怎么样。

译文

白公问孔子："人可以密谋吗?"孔子不回答。白公又问："假若像石头一样扔到水里，怎么样?"孔子说："吴越地区善于潜水的人可以把它捞起来。"白公又说："假若像水一样泼入水中，怎么样?"孔子说："菑水和渑水汇合一起，但辨味专家易牙能尝辨出来。"白公于是说："这么说来，人就根本不能和他们密谋了?"孔子说："怎么说不可以啊！那些能明白你说话意思的人就可以和他密谋呀！但话又说回来，那些能明白你说话意思的人，你不去和他说，他也会明白。"争夺鱼的人没有不湿衣服的，追逐野兽的人没有跑得慢的，他们并不是乐意这样做，而是利欲之心驱动他们这样做。所以，最高妙的话是不说出来别人就已领悟，最好的行为是不做什么却能样样成功。那些才智浅薄的人才会去争夺那些枝末小利（才会想到与人密谋这样末流的事)。白公就是不懂这其中的道理，所以导致最后因事败走投无路而自缢于浴室之地。所以《老子》说："言论有宗旨，行事有根据，因为人们无知顽钝，所以也不理解我说的道理。"这无知顽钝的人说的就是白公啊。

原文

惠子为惠王为国法，已成而示诸先生，先生皆善[1]之。奏之惠王，惠王甚说之，以示翟煎。曰："善！"惠王曰："善，可行乎？"翟煎曰："不可！"惠王曰："善而不可行，何也？"翟煎对曰："今夫举大木者，前呼邪许，后亦应之。此举重劝力之歌也，岂无郑、卫激楚之音哉？然而不用者，不若此其宜也。治国有礼，不在文辩。"故《老子》曰："法令滋彰[2]，盗贼多有。"此之谓也。

注释

①善：好。

②滋彰：越详细。

译文

惠施为魏惠王制定国家法令，制定出来后拿给德高望重的各位年长儒生征求意见，儒生们都称赞法令制定得好，于是惠施将法令上呈给了魏惠王，惠王见到政令之后非常高兴，拿去给墨煎看。墨煎说："很好。"惠王说："既然法令制定得好，那么就拿出去颁布实行了吧？"墨煎说："不行。"惠王说："好却不能颁布实行，这是为什么？"墨煎说："如今那些扛大木头的人，前面的呼喊'嗨哎'，后面的也同声应和。这是人们在扛举重物时为鼓劲而唱喊的歌声。现在难道没有郑国、卫国那样的高亢激越的乐曲？有的，但就是不用它，这是因为它不如那种号子歌声来得适用。同样，治理国家，在于礼法的实际内容和有效性，而不在于这法令的文辞修饰如何。"所以《老子》说："法令越详明，盗贼就越多。"说的就是这种情况。

原文

秦穆公谓伯乐曰："子[①]之年长矣，子姓有可使求马者乎？"对曰："良马者，可以形容筋骨相也。相天下之马者，若灭若失[②]，若亡其一。若此马者，绝尘弭辙。臣之子皆下材也，可告以良马，而不可告以天下之马。臣有所与共儋[③]、缠、采薪者九方堙，此其于马，非臣之下也，请见之。"穆公见之，使之求马。三月而反[④]报曰："已得矣，在于沙丘。"穆公问："何马也？"对曰："牡而黄。"使人往取之，牝而骊[⑤]。穆公不说，召伯乐而问之曰："败矣！子之所使求马者，毛物、牝牡弗能知，又何马之能知？"伯乐喟然大息曰："一至此乎？是乃其所以千万臣而无数者也。若堙之所观者，天机也。得其精而忘其粗，在内而忘其外。见其所见，而不见其所不见；视其所视，而遗其所不视。若彼之所相者，乃有贵乎马者！"马至，而果千里之马。故《老子》曰："大直若屈，大巧若拙。"

注释

①子：古代对人的尊称。

②若灭若失：形容隐隐约约、看不清楚的样子。

③儋：通"担"，挑。

④反：同"返"。

⑤骊：指深黑色的马。

译文

秦穆公对伯乐说："现在你已经年纪大了，在你的同族的子弟中，有谁可以派去相马的吗？"伯乐回答："一般的良马，依据马的外貌和骨架就能够进行识别。但真的要识别天下难得的良马，就不能光从马的形体和骨架上来看，还需要注意到马身上若隐若现的神韵。这种马，真是绝世超尘，奔驰如飞，不留痕迹。我的儿孙和弟子，在这个方面都没有很好的才能，他们可以相一般的马，但是却没有相千里马的本事。我倒有一位在一起打过柴的朋友，叫九方堙，这个人的相马本领不比我差，让我来引见给您君王。"秦穆公于是接见了九方堙，并让他外出寻找千里马去。三个月以后，九方堙回来禀报秦穆公，说："我已找到一匹千里马，在沙丘那个地方。"秦穆公问："是怎么样的马？"九方堙回答道："是一匹黄色的雄马。"秦穆公听了之后派人去沙丘牵马，看到的却是一匹黑色的雌马。秦穆公这下不高兴了，召来伯乐责问说："真是败兴得很。你的那个朋友，相马的时候连毛色和雌雄都没有弄清楚，怎么能相中千里马呢？"伯乐听后叹息着说："九方堙的相马术竟到了这种神妙境地？正说明他的本领要超出我不知多少倍。像九方堙这样的相马术，相的是马原本所赋有的内在灵性和实质。他正是相中了马的内在精华而忘却了马的外表粗疏，他看到的是马的素质而不强调马的外形。九方堙只注意应该注意的地方，而那些不重要的地方，他根本不去注意它；他只强调应该强调的地方，而那些不必注重的地方，他根本不去强调。像他这样的相马术，本身就比千里马珍贵。"这马经过骑试，果然是千里马。所以《老子》说："最直的好像是弯曲的，最灵巧的好像是笨拙的。"

原文

齐王后死①，王欲置后而未定，使群臣议。薛公欲中王之意，因献十珥②而美其一旦日，因问美珥之所在，因劝立以为王后。齐王大说③，遂尊重薛公。故人主之意欲见于外，则为人臣之所制。故《老子》曰："塞其兑，闭其门，终身不勤。"

注释

①齐王：文中指战国齐威王。以善于纳谏用能，励志图强而名著史册。

②珥：中国古代的珠玉耳饰。

③说：同"悦"，高兴，愉快。

译文

齐威王的王后去世之后，想重新立一位新的王后，但一直都没有确定下来。于是齐威王便让群臣前来商议此事。薛公很想迎合威王的心意，于是呈上了十枚玉珥，还特意嘱咐其中只有一个是最好的。第二天，薛公打听到被赐予最好的玉珥的妃嫔是谁，便认定这位获得最好玉珥的妃嫔就是威王最宠爱的，于是就劝威王立这位妃嫔为王后，而这也正合威王之意，威王十分高兴，从此就更加看重薛公了。所以，如果君王的意图和欲望不能加以克制，而轻易流露在外，一旦被大臣们掌握之后，就非常容易被挟制。由此《老子》说："塞着泄露欲念的通道，关闭接触外物的门户，便能终身不受劳疾困扰。"

原文

魏文侯[①]觞诸大夫于曲阳。饮酒酣。文侯喟然叹曰："吾独无豫让[②]以为臣乎?"蹇重举白[③]而进之曰："请浮君!"君曰："何也?"对曰："臣闻之，有命之父母不知孝子，有道之君不知忠臣。夫豫让之君，亦何如哉?"文侯受觞饮釂[④]不献，曰："无管仲、鲍叔[⑤]以为臣，故有豫让之功。"故《老子》曰："国家昏乱，有忠臣。"

注释

①魏文侯：姬姓，魏氏，名斯，一名都，安邑人，战国时期魏国开国君主。

②豫让：姬姓，毕氏。春秋战国时期晋国人，是晋卿智瑶的家臣。

③白：文中特指罚酒。

④饮釂：喝尽杯中酒。

⑤鲍叔：鲍叔牙的别称。春秋时齐国大夫。

译文

魏文侯在曲阳设立酒宴来款待招呼各位大夫。酒兴正浓时，魏文侯深深叹息道："难道我就偏偏没有像豫让如此对我忠烈的人来做大臣吗!"听了这话，蹇重捧着一杯罚酒敬给魏文侯，说："请罚君王一杯。"魏文侯不解地问："为什么要罚我?"蹇重回答说："大王我听说，命运好的父母一定不明白孝子的含义，有道的国君不了解忠臣意味着什么。那豫让的君主又怎么样呢?"文侯接过罚酒一饮而尽，不再回劝对方饮酒，表示认罚，他说："这是因为智伯没有管仲、鲍叔那样的贤才辅佐，才最终成就了豫让誓死为他报仇的功名。”所以这也如《老子》说的：“国家昏乱，才会有忠臣。”

原文

武王问太公曰：“寡人[①]伐纣天下，是臣伐其主而下伐其上也。吾恐后世之用兵不休，斗争不已，为之奈何？”太公曰：“甚善，王之问也！夫未得兽者，唯恐其创之小也；已得之，唯恐伤肉之多也。王若欲久持之，则塞民于兑[②]，道[③]令为无用之事，烦扰之教，彼皆乐其业，佚其情，昭昭[④]而道冥冥。于是乃去其瞀而载之木，解其剑而带之笏。为三年之丧，令类不蕃；高辞卑让，使民不争。酒肉以通之，竽瑟以娱之，鬼神以畏之，繁文滋礼以弇其质，厚葬久丧以亶其家，含珠、鳞施、纶组以贫其财，深凿高垄以尽其力。家贫族少，虑患者贫。以此移风[⑤]，可以持天下弗失。”故《老子》曰：“化而欲作，吾将镇之以无名之朴也。”

注释

①寡人：是在秦始皇之前的君主自称，春秋战国时期常用。

②兑：文中指耳、目、鼻、口。

③道：同“导”。

④昭昭，指明亮；光明。

⑤移风：改变风俗。

译文

周武王问姜太公：“我集结军队讨伐纣王，夺取天下，这是臣杀君、下伐上的事情。我害怕之后这样的事情还会发生，这样一来，人们相互间的斗争就没有止境了，对此你看怎么看呢？”太公说：“好！君王你想到的这个问题非常重要。这真是没有获得猎物时唯恐射杀野兽不力；但一旦获得猎物时又唯恐射杀野兽太厉害，从而害怕影响到猎物的质量。君王你如果想天下长治久安，唯一的办法就是把百姓的眼耳口鼻全部都堵塞住，从而让他们没有任何的欲望可以产生，继而引导他们进行一些无所谓有无所谓无的事情，同时，施以烦琐纷扰的说教，让他们乐于本业，安逸于现实生活，使他们由清醒明白转向糊涂愚昧。这样就可能摘下他们的头盔、给他们戴上鹬冠，解下他们的宝剑、让他们带上笏板上朝。然后再制定守丧三年的礼制，从而杜绝了后代的繁衍；提倡推崇人们之间的互相谦让，使之不争斗。用酒肉使他们心情通畅，以音乐让他们自娱自乐，用鬼神使他们敬畏，用繁文缛节来掩盖他们的本质，以厚葬服丧来耗尽他们的家财，用一些贵重的随葬物使他们贫穷，用深挖墓穴、高筑坟地来耗尽他们的体力。这样家族贫穷、部族衰弱，图谋作乱的人便少了。用上述这些方法来改变世俗，就可以保住天下而不丧失。”所以《老子》说：“自然变化到贪欲萌发，我就用‘道’的真朴来镇服它。”

卷十三 氾论

原文

古之制，婚礼不称主人，舜不告而娶，非礼也；立子以长，文王舍伯邑考[①]而用武王[②]，非制也；礼三十而娶，文王十五而生武王，非法也。夏后氏殡于阼阶之上，殷人殡于两楹之间，周人殡于西阶之上，此礼之不同者也；有虞氏用瓦棺[③]，夏后氏塈周，殷人用椁，周人墙置翣[④]，此葬之不同者也；夏后氏祭于暗，殷人祭于阳，周人祭于日出以朝，此祭之不同者也；尧《大章》[⑤]，舜《九韶》，禹《大夏》，汤《大濩》，周《武象》，此乐之不同者也。故五帝异道而德覆天下，三王殊事而名施后世，此皆因时变而制礼乐者，譬犹师旷之施瑟柱也，所推移上下者无寸尺之度，而靡不中音，故通于礼乐之情者能作，言有本主于中，而以知榘矱之所周者也。

注释

①伯邑考：姬姓，名考，周文王姬昌嫡长子。

②武王：即姬发，周文王姬昌与太姒的嫡次子，西周王朝开国君主，在位期间表现出了卓越的军事、政治才能，成为了中国历史上的一代明君。

③瓦棺：古代陶制的葬具。

④翣：古代出殡时的棺饰。

⑤《大章》作为雅乐舞蹈主要内容的六大舞之一的尧乐《大章》，相传是歌颂尧帝领导天下时仁德如天，智慧若神，百姓依附他就像依附太阳，敬仰祥云一样。“大章”，意思就是说尧帝之德足以彰明天下。

译文

按照古代的各种礼制，子女婚姻主要是由父母做主和媒人进行牵合的，虞舜没有告诉父母就娶了娥皇和女英，并没有符合古礼的规定；确立嗣子要立长子的制度，周文王没有立长子伯邑考，反而确立了弟弟武王为嗣子，这也没有符合古制的规定；同样的道理，古代规定男子到了30岁之后，才具备了娶妻的资格，但是文王15岁就有了儿子武王，同样也没有符合古法的定制。夏后氏时代的人死后，会把堂屋的东阶当成放置灵柩的地方，而殷朝，则把厅堂楹柱之间的空隙当做人死后灵柩的放置地位，周朝人则把灵柩停放在西阶上，这些都是殡礼不同的地方；有虞氏时人死后用瓦棺，夏后氏时代人死后用土棺，而殷朝人死后用椁，周朝人死后用的灵柩还需用布帐装饰成扇的形状，这些都是葬礼风俗不一样的地方；夏后氏时代人在黄昏祭祀，殷朝人的祭祀时间选择在中午，而周朝则把时间定在早晨，这些都是祭祀习俗的不同。尧帝时用《大章》，舜帝时用《九韶》，夏禹时用《大夏》，商汤时用《大濩》，武王时用《武象》，这些都是音乐舞曲上的不同。所以五帝管理国家的方法和制度是不一样的，但他们的德泽却都能够流传在天地之间，三王治理政事的方法、制度各异，却把盛名留在了四海之内，这些都是因为他们都根据自己国家的情况和时势的变化来制定礼乐，就好像师旷调整瑟柱、上下移动时没有尺度来衡量，却无不符合音律。所以能通达礼乐情理的人制作出恰当的礼乐，这是说他内心世界有一个谱作主宰，因而能对规矩法度掌握得非常恰当合适。

原文

治国有常而利民为本，政教有经而令行为上。苟[①]利于民不必法[②]古，苟周于事不必循旧。夫夏、商之衰也，不变法而亡；三代之起也，不相袭而王。故圣人法与时变，礼与俗化，衣服器械，各便其用，法度制令，各因其宜。故变古未可非，而循俗未足多也。

注释

①苟：假如、如果。

②法：效法、办法。

译文

治理国家虽有常规，但必须把方便人民作为最根本；政令教化虽然有常法，但是必须以切实有效为最好。如果对民众有利，就不一定非得要效法古制；如果适合实际情况，也不一定非得遵循旧法。夏朝、商朝到了末世，桀纣不改变陈法导致了灭亡；夏禹、商汤、周武王不因袭旧法却兴旺发达而称王。所以圣人的法度是随时势的变化而变化，礼节随着习俗的不同而改变；衣服、器械各自方便其使用，法令、制度各自适合时宜。所以改变古法无可非议，因循守旧不值得赞美。

原文

百川异源而皆归于海，百家殊业而皆务于治。王道缺①而《诗》作，周室废、礼义坏而《春秋》②作。《诗》《春秋》，学之美者也，皆衰世之造也，儒者循之以教导于世，岂若三代之盛哉？以《诗》《春秋》为古之道而贵之，又有未作《诗》《春秋》之时。夫道其缺也，不若道其全也。诵先王之《诗》《书》，不若闻得其言；闻得其言，不若得其所以言；得其所以言者，言弗能言也。故道可道者，非常道也。

注释

①缺：残缺。

②《春秋》：即《春秋经》，又称《麟经》或《麟史》，中国古代儒家典籍"六经"之一。第一部汉民族编年史兼历史散文集。作为鲁国的编年史，由孔子修订而成。

译文

百川的源头都是不相同的，但是最后都会流入大海。百家学说事业都存在差异，但是各不一样，但都是把国家治理好作为最终的目的。“王道”残缺才出现了《诗》；周王室衰微、礼义崩溃会促使《春秋》的萌发。《诗》和《春秋》是学术中的极品，但都产生在没落的世道中，儒家希望通过这些来对世人进行教导，这怎么能比得上用三代盛世的事情来教育世人呢！如果认为《诗》《春秋》是讲古代的道理而推崇它们，那么还有没产生《诗》和《春秋》的远古时代呢！与其称颂王道破残时代产生的《诗》和《春秋》，不如称颂更早的王道完整的时代。与其诵读先王的诗书，不如听他们的言论；与其听他们的言论，不如了解他们说这些言论的根据理由；而这些言论的根据和理由，又是难于用话语来进行表达的。所以是“道可道，非常道”。

原文

夫圣人作法而万民制焉，贤者立礼而不肖者拘[①]焉。制法之民，不可与远举；拘礼之人，不可使应变。耳不知清浊之分者，不可令调音；心不知治乱之源者，不可令制法。必有独闻之耳，独见不明，然后能擅道而行矣。夫殷变夏，周变殷，春秋变周，三代之礼不同，何古之从？大人作而弟子循。知法治所由生，则应时而变；不知法治之源，虽循古终乱。今世之法籍与时变，礼义[②]与俗易[③]，为学者循先袭业，据籍守旧教，以为非此不治，是犹持方枘而周员凿也，欲得宜适致固焉，则难矣。

注释

①拘：拘束，约束。

②义：通“仪”。

③易：更改、改变。

译文

圣人制定法令制度，是为了让普通人的行为可以受到制约；贤人确立礼节，可以帮助无能的人拘泥在礼节之中。受法制约的人是不会有很大的作为的；拘泥于礼节的人是难以适应世道的变化。耳朵的听觉无法分辨清浊，这个人是没有办法让他去调整音律的；内心不明白国家治乱根源的人，是不可以制定法令的。具有能听别人难以听到的声音的听觉和能看别人难以看到的东西的视觉的人，才能随心所欲择道前进。殷朝改变了夏朝的礼法，周朝改变了殷朝的礼法，春秋各国又改变了周朝的礼法，三代的礼法都不相同，还说什么古法，还说什么遵循呢！如果遵从古礼法，就像长辈立法、晚辈遵从照搬。如果知道法治产生的过程和原因，那么就可以随着时代的变化而改变礼法制度；如果不明白法治产生的根源，一味守旧，套用古礼古法，就有可能导致大的灾祸。现在的法典已经根据时势变化而变化了，礼仪也已经随习俗变化而变化了。而那些学者还是古板遵循着旧的法制，以为离开这些就无法治理天下，这实在是像拿着方榫头去装圆榫眼，还想套装牢固适宜，那就难了。

原文

今儒、墨者称三代①、文武而弗行，是言其所不行也；非今时之世而弗改，是行其所非也。称其所是，行其所非，是以尽日极虑而无益于治，劳形竭智而无补于主也。今夫图工好画鬼魅而憎图狗马者，何也？鬼魅不世出，而狗马可日见也。夫存危治乱，非智不能；而道先称古，虽愚有馀。故不用之法，圣王弗行；不验之言，圣王弗听。

注释

①三代：是对中国历史上的夏、商、周三个朝代的合称。

译文

现在的儒、墨两个学派，方言声称三代、文武二王遵循的那一套，可自己又不实施，这无疑是在宣扬一套根本行不通的东西。现在的儒、墨，对眼前的事实进行非议，但又不去变更改变它，这无疑就是在听任不合理的东西存在下去。这真是称赞是他们认为正确的事，做的却是他们认为错误的事，因此整天用绞尽脑汁却想不出对治国有益处的方法，劳损形体却没有办法改变现状。如今的那些画匠，总是喜欢描绘那些画鬼怪，而讨厌画狗马之类的物体，这是什么道理呢？这是因为鬼怪是无法出现在现实世界当中的，而狗与马倒是在生活中经常见到，画鬼容易画狗马难啊！挽回危险的局面，治理混乱的世道，没有聪明才智是万万做不到的；但只是复述古人、称道古代，即使让笨蛋来做可以非常容易的事情。所以无用的方法和法规，圣王通常都不会采用；不符合实际的言论和事情，英明君主是不听取的。

卷十四　诠言

原文

自信者不可以诽誉迁也，知足者不可以势利诱也。故通性之情者不务性之所无以为，通命之情者不忧命之所无奈何①，通于道者物莫足滑其和②。詹何曰③："未尝闻身治而国乱者也，未尝闻身乱而国治者也。"矩不正不可以为方，规不正不可以为员，身者事之规矩也，未闻枉己而能正人者也。

注释

①无奈何：无可奈何，无法支配。

②物莫足滑其和：原作"物莫不足滑其调"，据王念孙说校改。滑，通"汩"，乱。

③詹何：古代传说中精于钓术的人。

译文

自信的人是不能通过虚假赞誉这样的事情来改变志向的，知足的人是不能用权势利益来引诱他的欲望。所以通达天性的人不会去追求那些根本没有办法达成的事情，懂得命运的人根本就不会对命运本身无法掌控的事情进行担忧，通晓道体的人，外物根本就没有办法会搅乱他的内心和平。詹何说过："从来没有听说过自身修养很好，但是却治理不好国家的事情，也从来没有听说过，自身的修养很差，却能够治理好整个国家。"矩尺不正就画不出正规的方形，圆规不标准就画不出圆形来。自身的修养就像矩尺圆规，没有听说过自身不正却能够让别人端正的事情发生。

原文

原天命，治心术，理好憎，适情性，则治道通矣。原天命则不惑祸福，治心术则不妄喜怒，理好憎则不贪无用，适情性则欲不过节。不惑祸福则动静循理，不妄喜怒则赏罚不阿①，不贪无用则不以欲用害性②，欲不过节则养性知足。凡此四者，弗求于外，弗假于人，反己而得矣。

注释

①阿：偏袒，这里指偏差。

②用：王念孙认为第二个“用”是衍文。

译文

溯源天性、端正心术、理顺好憎感情、调适情性，那么治国之道就会变得简单畅通许多。溯源的天性不会被祸福迷惑，心术端正就不会喜怒无常，理顺好憎感情就不会过度追求那些原本就没有任何用处的东西，调适好自己的情性就不会放任欲念的发展。不被祸福所迷惑则行为就能动静循理，不喜怒无常，赏罚就会公正，不贪求于本性无用的东西就不会因物欲而伤害到本性，欲念有节制就可颐养天性而知足。这四个方面，都不能从外界求得，也没有必要借助别人的力道，只需要立足自身就可以了。

原文

天下不可以智为也，不可以慧识也，不可以事治也，不可以仁附也，不可以强胜也。五者，皆人才也，德不盛，不能成一焉。德立则五无殆，五见则德无位矣。故得道则愚者有馀，失道则智者不足。渡水而无游数①，虽强必沉；有游数，虽羸②必遂，又况托于舟航之上乎？

注释

①游数：文中指游泳时用到的技巧。

②羸：瘦弱。

译文

天下的事情不是只依靠智力就能够完成好的，也不能单单靠聪明就能够看得清楚的，更不能只靠人的本事就能够办成的，同样，使人归附不能单单依靠仁术，单凭强力取胜是更不可能的事情。这智力、聪明、本事、仁术、强力五项都在人的才能范畴之内，但是如果只有这些才能而德行达不到，就做不成任何一件事情。只有德行提升上去了，这五项就能发挥出应有的作用；反之，如果只强调这五项才能，那么德行修养就会欠缺。所以只有获得了“道”，就会使愚笨无能的人都会感到力量无穷；反之失去了“道”，就会使聪明的人都会感到力不从心。这就好像泅渡江河却不会游泳，身强体壮也一定会沉没；而有了游泳技术，就算是身体相对瘦弱，最终也一定会顺利渡过，更何况托身于舟船之上呢！

原文

为治之本①，务在于安民；安民之本，在于足用；足用之本，在于勿夺时②；勿夺时之本，在于省事；省事之本，在于节欲；节欲之本，在于反性；反性之本，在于去载；去载则虚；虚则平；平者道之素也，虚者道之舍也。

注释

①本：根本。

②夺时：文中指违背农时。

译文

治国的根本，在于一定要让人民安定；安定人民的根本，就是衣食充足；衣食充足的根本方法，在于不失农时；使人民不失农时的根本，在于减少徭役；减少徭役的根本，在于节制物欲；节制物欲的根本，在于归返虚静平和的天性；归返天性的根本，在于抛弃内心世界那些多余的精神压力；去掉抛弃了这些精神压力，人的心胸就会趋于虚静；心胸平静了就会平和起来；平和是道的基本素质，虚静则是道的居所宅舍。

原文

能成霸王者，必得胜者也；能胜敌者，必强者也；能强者，必用人力者也；能用人力者，必得人心也；能得人心者，必自得者也；能自得者，必柔弱也。强胜不若己者，至于与同则格；柔胜出于己者，其力不可度。故能以众不胜成大胜者，唯①圣人能之。

注释

①唯：只有。

译文

能够称霸成王的人，一定是那些获取胜利的人；能够战胜敌人的人，自身一定非常强大；而能够强大，一定是充分利用了人民的力量；能够动用民众的力量的人，也一定是非常得人心的；能够得到人心，自身修养一定是得道的；而能够得其道的，一定是以柔弱处世处事的。强硬尽管能胜过不如自己的人，但碰上力量与之相等的人就互相抗衡而难以取胜了。而柔弱可以胜过比自己强大的人，它的无形的柔性之力是无法计算的。所以能从多次失败中转变为大胜利，这只有圣人才能做到。

原文

圣人无思虑，无设储①。来者弗迎，去者弗将。人虽东西南北，独立中央。故处众枉②之中，不失其直；天下皆流，独不离其坛域③。故不为好，不避丑，遵天之道；不为始，不专己，循天之理；不豫谋，不弃时，与天为期；不求得，不辞福，从天之则。不求所无，不失所得；内无旁祸，外无旁福；祸福不生，安有人贼？为善则观，为不善则议；观则生责，议则生患。故道术不可以进而求名，而可以退而修身；不可以得利，而可以离害。故圣人不以行求名，不以智见誉。法修自然，己无所与。虑不胜数，行不胜德，事不胜道。为者不成，求者有不得。人有穷，而道无不通，与道争则凶。故《诗》曰："弗识弗知，顺帝之则。"有智而无为，与无智者同道；有能而无事，与无能者同德；其智也，告④之者至，然后觉其动也；其能也，使之者至，然后觉其为也。有智若无智，有能若无能，道理为正也。故功盖天下，不施⑤其美；泽及后世，不有其名。道理通而人伪灭也。

注释

①储：储备。

②枉：弯曲，弯屈，引申为行为不合正道或违法曲断。

③坛域：设坛的区域。引申为界限，范围。

④告：通“嗥”，大声呼叫。

⑤施：通“侈”。

译文

圣人没有思虑，也没有储备。对于即将到来的事物他不会去迎接，对离开的他也不会去送别。人们处在东南西北各个地方，而他却独个站在中央。所以他能在大家都曲膝的情况下保持自己固有的正直；他能在大家都随流的趋势下，不偏离自己的立足点。所以不有意显美为善，不去刻意掩避自己的丑陋，而是遵循着天道自然；他不首先创造，也不会独断专行，只是遵循自然之理；他不提前进行策划，也不会错过到来的时机，与自然天道和合；不求获得，对到来的幸福也不会推辞，只是顺从自然法则变化。他不追求自己所没有的，也不会让自己拥有的轻易失去，使内没有意外的祸害，外在没有意外的福利。祸福都产生不了，怎么还会出现伤害的人呢！行善事容易引起人们的注意，做坏事则会招来非议；在人们的注意中一定存在责备的言论，而人们的非议如果集聚起来，必定会产生祸患。所以道术无法帮助你谋求功名的，而只可以用来隐退修身的；道术无法帮助获得利益，而只能凭它来避害的。所以圣人不会通过自己的品行去求功名的，不会靠智慧赢取赞誉；圣人都是遵随着自然，不加干预的。思虑不胜术数，行为不胜“德”，行事不胜“道”。做事如果失败了，追求有得不到的。有了走投无路的时候，而“道”无处不通，与“道”争抗争则凶险。所以《诗经》上说“无知无觉，顺随天的法则”。有智慧却没有作为，和没有智慧的人“道义”相同；有才能没有作为，与无才能的人“德”一样。这样的“智者”，呼喊他他才过来，这时才被人家觉得他在活动；这样的“能人”，指使才会招来他，这时才被人家觉得他在行动。有智慧就像无智慧，有能耐好像无能耐，“道”理就是这样。所以尽管功盖天下，却从不夸耀自己的美德；恩泽传及后代，却从不拥有名声。所以是“道”的理通达了，人为做作的事就灭绝了。

卷十五　兵略

原文

夫兵之所以佐胜者众，而所以必胜者寡。甲坚兵利，车固马良，畜积[①]给足，士卒殷轸，此军之大资也，而胜亡焉。明于星辰日月之运、刑德奇该之数、背乡[②]左右之便，此战之助也，而全亡焉。良将之所以必胜者，恒有不原之智，不道之道，难以众同也。

注释

①聚积：积聚；积储。

②乡：通“向”

译文

战争取胜的因素很多，但战争必胜的决定因素却很少。铠甲坚固，兵器锋利，战车结实，马匹精良，储备丰富，给养充足，士卒众多且年轻体壮，这些都是战争取胜的重要因素，但是这些条件并不是战争胜利的必要条件。同样，知晓了日月星辰的运行规律、阴阳刑德的变化道理、用兵的诡秘之术、行军列阵、安营扎寨的方位选择等，这些都可以对战争获得胜利提供帮助，但是战争取胜仍然不决定于这些因素。优秀的将帅打仗之所以常常取胜，总是因为有不可深究的智谋和不可言传的法术，是很难和普通人一样的。

原文

夫论除[①]谨，动静时，吏卒辨，兵甲治，正行伍[②]，连什佰，明鼓旗，此尉之官也。前后知险易，见敌知难易，发[③]斥[④]不忘遗，此候之官也。

隧路亟，行辎[5]治，赋丈均，处军辑，井灶通，此司空之官也。收藏于后，迁舍[6]不离，无淫舆，无遗辎，此舆之官也。凡此五官[7]之于将也，犹身之有股肱手足也，必择其人，技能其才，使官胜其任，人能其事。告之以政，申之以令，使之若虎豹之有爪牙，飞鸟之有六翮[8]，莫不为用。然皆佐胜之具也，非所以必胜也。

注释

①论除：选拔贤才，任用官吏。论，通“抡”。

②行伍：排列的队伍，后用“行伍”泛指军队。

③发：发现。

④斥：侦察。

⑤辎：古代一种有帷盖的大车。

⑥迁舍：军队推进阵地。

⑦五官：指尉、侯、司空、司空、舆这五个官职。

⑧六翮：鸟类双翅中的正羽。用以指鸟的两翼。

译文

那选择任命军吏谨慎、动静适合时宜、军吏士卒治理得当、兵器铠甲装备齐全，这是司马的职责。军队行伍什佰编制齐全、组织严明、战鼓令旗明确，这是尉官的职责。了解部队行军前方是否安全、敌军的强硬程度、始终不忘侦察瞭望敌情，这是侯官的职责。保持道路畅通、及时运输辎重，并使之安全到达，军垒大小是否均平、营帐搭建的是否安稳、军灶水井是否准备齐备，这都属于司空的职责。做到部队收容断后、转移驻扎时保证无人员离散、无流失的军车和无遗失的辎重，这是军舆的职责。这五种官员的职责对于将帅来说，就像身体和手足的关系，一定要挑选恰当的人来担任，使被挑选的人的才能能胜任其职责，并保证做好这些职责范围内的事情。告诉他们的政务，向他们申述其军令，使他们像有爪牙的虎豹、有翅膀矫健的鹰鸟来为将帅效力。然而这些仍然是取得胜利的辅助因素，不是决定因素。

原文

兵之胜败，本在于政。政胜[①]其民，下附其上，则兵强矣；民胜其政，下畔[②]其上，则兵弱矣。故德义足以怀天下之民，事业足以当天下之急，选举足以得贤士之心，谋虑足以知强弱之势，此必胜之本也。

注释

①胜：文中指驾驭。

②畔：同“叛”，背叛。

译文

战争的胜负，最根本的条件在于政治。政治可以将民心很好地驾驭起来，人民也能够对君主更加亲附，军队势必会强大起来；反之，如果民众反对现有的政治制度，百姓又背叛君主，那么军队也必然会弱小。所以德政、道义最为关键，德政道义足以感怀天下百姓，其事业就足以能应对天下的当务之急，选用的贤才足以得到天下贤士的拥戴，计谋智虑足以掌握敌我双方力量的强弱，这些才是取得胜利的根本因素。

原文

夫有形埒者，天下讼见之；有篇籍[①]者，世人传学之：此皆以形相胜者也，善形者弗法也。所贵道者，贵其无形也。无形则不可制迫也，不可量度也，不可巧诈也，不可规虑[②]也。智见者人为之谋，形见者人为之功，众见者人为之伏，器见者人为之备。

注释

①籍：古籍、典籍。

②规虑：谓器识，谋划，思虑。

译文

有形迹的东西，所有的人都会看到它的存在。在古籍和文章中记载的

内容，世人都能学习并将它流传下去：这些都是通过形来获得最终的胜利的，而高明的人是不会去效仿它们的。人们之所以看重“道”，是在于“道”的无形。因为“无形”，所以制迫它就显得非常困难，更不能用智巧来欺诈它，也无法来规划谋算它。一般而言，你的智慧表现出来，人家也就会采用相应的智谋来对付你；你的形迹表现出来，人家也就会有克制你的行为来对付；你的部队稍有暴露，人家就会打埋伏；你的器械装备一亮出来，人家就会做好充分的防备。

原文

动作周还，倨句[①]诎伸[②]，可巧诈者，皆非善者也。善者之动也，神出而鬼行，星耀而玄运[③]；进退诎伸，不见朕垫[④]；鸾举麟振，凤飞龙腾；发如[⑤]，疾如骇电[⑥]；当以生击死，以盛乘衰；以疾掩迟，以饱制饥；若以水灭火，若以汤沃雪，何往而不遂？何之而不用达？在中虚神，在外漠志，运于无形，出于不意。与飘往，与忽来，莫知其所之；与倏出，与闇人，莫知其所集。卒如雷霆，疾如风雨；若从地出，若从天下；独出独入，莫能应圉[⑦]。疾如镞矢，何可胜偶？一晦一明，孰知其端绪？未见其发，固已至矣。故善用兵者，见敌之虚，乘而勿假也，追而勿舍也，迫而勿去也；击其犹犹，陵其与与；疾雷不及塞耳，疾霆不暇掩目。善用兵，若声之与响，若镗之与鞈；眯不给抚，呼不给吸。当此之时，仰不见天，俯不见地；手不麾戈，兵不尽拔；击之若雷，薄之若风；炎之若火，凌之若波。敌人静不知所守，动不知所为。故鼓鸣旗麾[⑧]，当者莫不废滞崩阤，天下孰敢厉威抗节而当其前者？故凌人者胜，待人者败，为人杓者死。

注释

①倨句：亦作“倨佝”“裾拘”，或方或曲，形容水流曲曲折折的样子。“倨”，方。“句”，曲。

②诎：通“屈”，弯曲。

③玄运：天体的运行。

④垫：同“垠”。

⑤猋风：旋风；疾风。

⑥骇电：亦作“駴电”。惊人的电光。常形容快速无比。

⑦应圉：抵挡抗御。

⑧旗麾：亦作“旂麾”。指将旗。

译文

动作周旋、曲直屈伸、使巧用诈，这些都不是非常高明的手段。高明的行为马上通常是神出鬼没的，如星辰闪烁一样没有变化，像天体一样在宏大的运行，进退屈伸，没有任何痕迹；就如同鸾鸟飞升、麒麟跳跃、凤凰飞翔、神龙腾空这些一样；发动时如猋风，而迅猛得又像闪电；用灵活生活的形势以生动灵活的态势击败呆滞死板，以旺盛的气势驾御暮气衰败，以迅猛有力压倒迟缓疲软，以饱满精神制迫萎靡不振，这就像以水灭火、用汤浇雪——这样的神兵哪能会不如愿以偿？哪能会不达到目的？在内心使精神虚静，对外界使物欲淡漠，运动不留痕迹，攻击出其不意。像飘忽的云风那样来往飘忽，谁也不知它要到哪里去；从缝隙中出入倏忽，谁也不知它在哪里停歇。突然得像雷霆，快速得像风雨；像从地下冒出，又像从天而降；独来独往，没有办法应对它；快得像飞箭，没有什么能与之相匹敌？忽暗忽明，谁知道它的头绪？还没看到它出发，但早就来到你跟前。所以善于用兵的人，看到敌方的弱点空虚，就紧紧抓住而不放过，穷追猛打而不舍弃，逼迫而消灭之，绝不让敌人逃离。用迅雷不及掩耳、闪电不及遮眼的气势，攻击及压倒犹豫不决之敌。善于用兵，如同回音的应和，击鼓发出响声，使敌人眼睛被灰尘迷着都来不及搓摸，上气不接下气。从天而降的神兵使敌人抬头看不见天、低头看不到地，完全没了方向，手不知挥动长矛，刀剑来不及拔出；攻击迅猛如雷鸣，逼迫气势如狂风；像火势一样蔓延，像波涛一样汹涌。这样使敌人静止时不知如何防守，行动时不知如何来操作。这样的部队一旦擂响战鼓，挥动军旗来开战，对方还没来得及抵挡就土崩瓦解，天底下还有谁敢向这样的部队扬威抗衡、阻挡它前进！所以，能够驾驭对方的部队必胜，消极待敌的部队必败，成为人家攻击目标的部队只有死路一条。

原文

静以合[①]躁，治以待乱，无形而制有形，无为而应变，虽未能得胜于敌，敌不可得胜之道也。敌先我动，则是见其形也；彼[②]躁我静，则是罢[③]其力也。形见则胜可制也，力罢则威可立也。视其所为，因与之化；观其邪正，以制其命；饵之以所欲，以罢其足；彼若有间，急填其隙；极其变而束之，尽其节而仆之。敌若反静，为之出奇；彼不吾应，独尽其调；若动而应，有见所为；彼持后节，与之推移。彼有所积，必有所亏；精若转左，陷其右陂。敌溃而走，后必可移。敌迫而不动，名之曰奄迟[④]，击之如雷霆，斩之若草木，耀之若火电，欲疾以速，人不及步趋，车不及转毂，兵如植木，弩如羊角，人虽众多，势莫敢格。诸有象者，莫不可胜也；诸有形者，莫不可应也。是以圣人藏形于无而游心于虚。风雨可障蔽，而寒暑不可关闭，以其无形故也。夫能滑淖精微，贯金石，穷至远，放乎九天之上，蟠乎黄卢之下，唯无形者也。

注释

①合：对付。

②彼：他，对方。

③罢：同“疲”。

④奄迟：谓静以待变。

译文

以静对付躁，以治对付乱，用无形来制约有形，用无为来应付变化，这样即使不能战胜敌人，但也可使敌人混乱从而无法取得胜利。敌方如先于我方行动，就会暴露他们的形迹；敌方如急躁而我方如宁静，这就会耗尽敌人的精力。敌方的形迹如暴露出来，那么我方就能取得战争的主动权；敌方如精疲力竭，那么我方就在此时发挥我军的威力。针对敌方的行动，我方也相应变化；观察敌方的“奇正”形势，以便很好地控制敌人的命运；用敌方想要得到的东西作为诱饵，从而诱使敌人上钩，调动他们，使之疲于奔命；敌方如露出破绽，就要抓住时机，乘着这个机会乘虚而入；让敌方的变化招数使尽，然后才束缚他们使之无法动弹；等敌方精疲力竭的时候再发起攻击，一举将之击灭。但反过来，敌人由运动返归宁静，那么我方就非得出奇招不可了；敌方如对我方奇招不理不睬，那么我方就可独自完成自己的调整；如果敌方有了反应，那么我们也就能在这当中观察到他们的意图了；如果敌方后于我们行动，控制了我方的行动，那么我方就要想尽一切办法在与他们周旋之中摆脱困境；敌方如集聚部队追打我方，那么他的后方也必定虚空；敌方的精锐部队在左方，那么我军就可攻击他的右方。如敌方溃败逃走，那么敌方的后阵必定可以击破。敌方如受我方的强大压力而龟缩不动，这就称之为淹留迟滞，我方就尽可用雷霆之势猛攻猛打，像割草伐木一样毫不留情地消灭他，像火烧雷电一样毫不留情地击穿烧毁他；这时的攻击行动务必神速，要使敌方都来不及开拔、战车来不及启动，兵器像插在地上的木头、弓弩像长在羊头上的角，来不及拔和来不及拿，这时敌方即使人多也无法抵挡这攻势。只要有动向形迹表现出来的敌人，没有不能战胜的；只要暴露形迹，就有办法对付他。正因为这样，所以圣人就将自己隐藏在无形之中，并且让心神处于虚静之中。风雨可以遮挡，是因为它们有形，而寒暑无法关闭控制，是因为它们无形。能够薄滑柔和，精细隐微，贯穿金石，穷尽最遥远的区域，寄身于九天之上，蟠伏在黄泉之下的，只有那“无形”的道。

原文

善用兵者，当击其乱，不攻其治，是不袭堂堂之寇，不击填填之旗；容未可见，以数相持；彼有死形，因而制之。敌人执数，动则就阴；以虚应实，必为之禽①。虎豹不动，不入陷阱；麋鹿不动，不离②置罘③；飞鸟不动，不絓网罗；鱼鳖不动，不擐唇喙。物未有不以动而制者也。是故圣人贵静。静则能应躁，后者能应先；数则能胜疏，抟④者能禽缺。

注释

①禽：同“擒”。

②离：通“罹”，遇到。

③罘：泛指狩猎用的网。

④抟：完整。

译文

善于用兵的人，一定会选择攻击那些军队混乱的敌军，而不会去进攻那些军容素整的敌军，当然，善于用兵的人也不会去攻击那些看起来气势威严的敌军，也不会去攻击阵容整齐的军队。在对方的情况还没有确定之前，会通过各种办法和对方进行周旋，只要敌方露出致命的缺点，就会趁机攻击消灭敌军。敌方如果掌握了各种术数，准备工作做得非常周详，那么我方妄动就非常危险了；敌方以“虚”来对付我方的“实”，我军最后也一定会被敌军擒获。虎豹隐伏不乱跑就杜绝了跌入陷阱的危险；麋鹿安详不乱动就少了触网的机会；鸟儿停着不乱飞是不会被罗网系绊的；鱼鳖不乱游动是难以被钓钩钩上嘴唇的。万物无不因为妄动而被制约的。所以圣人贵“静”。因为“静”能制“动”，“后”能制“先”；周密能够胜过疏漏，完备能够制服残缺。

原文

故前后正齐，四方如绳[①]，出入解赎，不相越凌；翼轻边利，或前或后，离合散聚，不失其伍：此善修行陈者也。明于奇赅、阴阳、刑德[②]、五行、望气[③]、候星[④]、龟策[⑤]、机祥[⑥]，此善为天道者也。设规虑，施蔚伏，见用水火；出珍怪，鼓噪军，所以营其耳也；曳梢肆柴，扬尘起埸，所以营其目者：此善为诈佯者也。錞钺牢重，固植而难恐，势利不能诱，死亡不能动：此善为充干者也。剽疾轻悍，勇敢轻敌，疾若灭没：此善用轻出奇者也。相地形，处次舍，治壁垒，审烟斥，居高陵，舍出处：此善为地形者也。因其饥渴冻暍、劳倦怠乱、恐惧窘步，乘之以选卒，击之以宵夜：此善因时应变者也。易则用车，险则用骑；涉水多弓，隘则用弩；昼则多旌，夜则多火，晦冥[⑦]多鼓：此善为设施者也。凡此八者，不可一无也，然而非兵之贵者也。

注释

①绳：指墨线。

②刑德：刑罚与教化；刑罚与恩赏。

③望气：古代方士的一种占候术。观察云气以预测吉凶。

④候星：占验星象。

⑤龟策：指龟甲和蓍草，古人用它来占卜吉凶。

⑥机祥：祈求消灾的一种活动。

⑦晦冥：昏暗；阴沉。同“晦暝”。

译文

所以队伍前后整齐严正、四面像墨线那般笔直，队伍的进退分合有序、散聚分明，隔而不断，互不超越；两翼轻捷，四边便利，或前或后，离合散聚，不乱队形：这就是善于训练管理的行军队列和布阵。明白奇正、阴阳、刑德、五行、望气、占星、龟策、祭祀这些术式，这就是善于运用天道。制订计划、布设埋伏、运用水攻、火攻；制造一些奇异的假象，吩咐士兵鼓躁呐喊搅乱对方的视听；拖着树枝扬起尘土来迷乱敌人的视觉：这就是善于运用欺诈佯装战术。意志观念像錞钺那样坚定厚重，毫不动摇，恐吓不到，权势利益不能诱惑，死亡威胁吓不退：这就是善于鼓舞士气坚定信念。刚猛快速、英勇果断、藐视敌人、行动神速、瞬时一闪即逝：这就是善于通过轻骑兵来达到出奇制胜的目的。观察并选择适合的地形，安排宿营地址，修筑军营围墙，审察查明路障，驻扎高坡山地，营地能进能退：这就是善于利用有利地形。利用敌军饥冻渴热，疲劳困倦，松懈混乱，恐惧困窘之机，派出精锐干练的部队，在深夜对敌人实现偷袭：这就是善于利用时机来应对变化的环境。平坦的地方用战车，险峻的地方用骑兵，渡水时用弓，险隘之处用弩，白天作战用旌旗壮大声势，夜晚作战用篝火营造气氛，阴暗多雾天气多用战鼓：这就是善于利用各种器械装备来为战争服务。以上总共八种战术方法，不能缺少一样，但这些还不是用兵打仗中最重要的方面。

原文

夫将者，必独见独知。独见者，见人所不见也；独知者，知人所不知也。见人所不见，谓之明；知人所不知，谓之神。神明者，先胜者也。先胜者，守不可攻，战不可胜，攻不可守，虚实是也。上下有隙，将吏不相得；所持不直，卒心积不服，所谓虚也。主明将良，上下同心，气意俱起，所谓实也。若以水投火，所当者陷，所薄者移，牢柔不相通，而胜败相奇者，虚实之谓也。故善战者不在少，善守者不在小；胜在得威，败在失气。夫实则斗，虚则走；盛则强，衰则北。吴王夫差[①]地方二千里，带甲七十万，南与越战，栖之会稽；北与齐战，破之艾陵；西遇晋公，禽之黄池：此用民气之实也。其后骄溢纵欲，拒谏喜谀[②]，恍悍遂过，不可正喻，大臣怨怼[③]，百姓不附。越王选卒三千人，禽之干遂，因制其虚也。夫气之有虚实也，若明之必晦也。故胜兵者非常实也，败兵者非常虚也。善者能实其民气以待人之虚也，不能者虚其民气以待人之实也。故虚实之气，兵之贵者也。

注释

①夫差：姬姓，吴氏，春秋时期吴国末代国君，阖闾之子，夫差执政时期，吴国极其好战，连年兴师动众，造成国力空虚。

②谀：即阿谀奉承。

③怨怼：怨恨；怨望。

译文

用兵打仗中主要的方面是，将帅一定要独具慧眼，具有独到的见解和胆识。所谓独到见解，是指观察能力比较强，可以观察到他人忽略看不到的东西；所谓独到胆识，就是说将帅明白其他人不明白的道理。能够洞察到别人洞察不到的东西，这叫作“明”；能够知晓别人明白的东西，这就叫作“神”。这神明就是取得胜利的先决条件。如能达到这个境地，那么防守就不会轻易被攻破，交战时不易被打败，进攻时就容易取胜，这就是虚和实的关系道理。上下级之间有间隙矛盾，文官武将之间的关系紧张不融洽，处事缺乏公正性，士兵的心中存有怨气，这就叫“虚”。反之，君王圣明，将领精良，上下同心，心向同一个方向使力，劲往一处使，这就叫“实”。如果像灭火的时候泼水一样，敢抵抗的即将他攻陷，敢逼近过来的即将他迁移，这样刚柔显示出差别，战争的胜败也就清楚地显现出来了，这就是虚和实之间的差异。所以善于作战的部队不在于人少，善于防守的部队不在于城池狭小；战斗最终能取得胜利在于军队是否具有威势，失败在于将士们丧失了斗志。如果军队实力强就打，实力不济就走；气势旺盛部队战斗力就强，气势低落则必定败北。过去吴王夫差拥有方圆二千里的土地，统帅的步卒足足有七十多万，向南和越国开战，逼迫越王退守会稽山；向北和齐国交战，在艾陵击败齐军；向西能和晋国对阵，在黄池制服晋国国君，为什么能做到这样呢？是在于充分利用了人民士兵的士气和斗志这种实力。后来，夫差开始骄横纵欲、不听劝谏、喜欢听奉承的话，性格变得越加暴戾骁悍起来，从而铸成大错而不能及时醒悟悔过，这时大臣怨恨、百姓离心离德。越王勾践只率精兵三千就在干遂消灭了夫差，这就在于利用了夫差吴王及吴国整个虚弱的气势将他制服。这气势有虚有实，二者会转化，就像光明转向黑暗一样。所以胜利之师也不总是士气高昂、斗志昂扬的，败军也不总是士气低落的。这样，善于用兵的人就要鼓起自己民众的士气以等待敌军出现虚弱气势的时机，以便能击败他；反之不能用兵的人常常是挫伤自己民众士兵的斗志和士气以等待敌军气势旺盛。所以气势的“虚”与“实”，是决定战争胜负的最重要的因素。

卷十六　说山

原文

人不小觉，不大迷①；不小慧，不大愚。人莫鉴于沫雨②，而鉴于澄水者，以其休止不荡也。

注释

①迷：迷惑，糊涂。

②沫雨：骤雨成潦，上浮泡沫。

译文

人如果不去停留驻足在那些细微的觉悟上，而是可以达代大彻大悟，就不存在有大的迷惑和糊涂；如果人对眼前的小智慧不满足，而是能够拥有大的智慧，那么就不会有大的蠢事发生。人们不用混浊起沫的雨水看自己的倒影，而选择那些清澈的水作为镜子，是因为选择了清水静止而不动荡的特点。

原文

詹公①之钓，千岁之鲤不能避；曾子②攀柩车，引輴者为之止也；老母行歌而动申喜，精之至也。瓠巴③鼓瑟而淫鱼出听，伯牙④鼓琴驷马仰秣⑤，介子⑥歌龙蛇而文君垂泣。故玉在山而草木润，渊生珠而岸不枯。

注释

①詹公：即詹何，战国时道家，哲学家，楚国术士。相传他的钓鱼技术非常高明。

②曾子：名曾参，字子舆，春秋末期鲁国南武城人。16 岁拜孔子为师，勤奋好学，颇得孔子真传。

③瓠巴：春秋战国时期楚国著名琴师、乐音家。

④伯牙：春秋战国时期晋国上大夫，春秋时著名的琴师，擅弹古琴，技艺高超，既是弹琴能手，又是作曲家，被人尊为“琴仙”。

⑤仰秣：谓马听见美妙的音乐，竟反常地昂起头吃饲料。

⑥介子：即介子推，晋国贤臣，后人尊为介子。

译文

詹何垂钓的技术，就算是活了千年的鲤鱼精都无法逃脱；曾子攀伏在柩车的上面，样子万分地悲痛，就连拉灵车的人都被他所感染，从而停了下来；行乞的老母亲在大街上唱着悲伤的歌曲，触动了离散儿子申喜的内心，母子最终得以相认，这些都是精诚所至。瓠巴弹瑟，江中的鱼儿也忍不住探出头来倾听；伯牙鼓琴，驷马昂起自己的头颅不断地附和嘶鸣；介子推唱起龙蛇的歌曲，晋文公重耳因为悔恨而泪流满面。所以产玉的山，草木必定生长得非常旺盛，生产珍珠的深渊，岸上生长着不易被枯萎的草木。

原文

蚓无筋骨之强，爪牙之利[①]，上食晞堁、下饮黄泉，用心一也。清之为明，杯水见眸子；浊之为暗，河水不见太山[②]。

注释

①利：锋利。

②太山：即泰山。

译文

蚯蚓的筋骨虽然并不是非常强健，也没有锋利的爪牙，但是它却能上食干土、下饮黄泉，这是因为它用心专一的缘故。由于清水非常地清澈，所以可以在其中看到自己的眼眸，浊水因为比较浑浊，所以就算是泰山也映照不出来。

原文

视日者眩①，听雷者聩。人无为则治，有为则伤。无为而治者，载无也。为者不能无为也，不能无为者不能有为也。人无言而神，有言者则伤，无言而神者载无，有言则伤其神。之神者，鼻之所以息，耳之所以听，终以其无用者为用矣。物莫不因其所有而用其所无。以为不信，视籁②与竽③。念虑者不得卧④；止念虑则有为其所止矣。两者俱忘，则至德纯矣。

注释

①眩：晕眩。

②籁：边棱音气鸣乐器。竹制。

③竽：古簧管乐器，形似笙而较大，管数亦较多。战国至汉代曾广泛流传。

④卧：睡觉。

译文

盯着太阳时间久了就会眼花目眩，听响雷耳朵会出现耳鸣的情况。人无为则国家太平安定，有为反而容易受到攻击。无为而治的人，在思想一致都相信“无”，行动上也会践行“无为”。有为者就应该没有好憎情欲，好憎情欲一旦产生，就不能恬澹静漠，有所作为。人闭口少说话就能够保全自己的精神，爱说话的人反而会轻易损耗到自己的精神；人闭口少言保全精神而信奉“无”，爱说话会损伤精神就没有做到“道”。鼻子可以呼吸空气，耳朵可以听到声音，是因为它们依靠着它们看似空空没有的洞孔来发挥作用。天下的事情无不都在凭借着“无用”的空洞来发挥作用，如果觉得这种说法是错误的，那么就请看看籁和竽是如何通过中间的空洞进行发音的！思前想后的人通常会失眠，想抛弃忧虑，就会思考通过什么办法来达到。如果这两者都抛开，完全去除掉所有的念头，那么就达到了精神最纯粹的境界。

原文

圣人终身言治，所用者非其言也，用所以言也。歌者有诗，然使人善人者，非其诗也。鹦鹉能言，而不可使长言[①]，是何则？得其所言，而不得其所以言。故循迹者非能生迹者也。神蛇能断而复续，而不能使人勿断也；神龟能见梦元王，而不能自出渔者之笼。

注释

①长言：文中指教令法典方面的言语。

译文

圣人穷尽一生都在谈论着所谓的修身治国平天下，但是他们实际上施行的，却完全不是这样的言论，而是隐藏在这些言论背后的根据和思想实质。歌唱的人有诗句，然而并不是诗句让人感觉到好听，而是美妙的旋律打动了人。鹦鹉能跟着人学习一些简单的话语，但是它却学不会有关政教法令方面的话，这是因为什么呢？是因为鹦鹉只不过是模仿人的语言而已，它本身并不具备说话的能力。所以踩着前人的脚印走路，永远都没有属于自己的道路。神蛇能够在身体被砍断之后重新复活，却不能杜绝这种情况的发生。神龟能在宋元王的梦中显灵，而没有被抓获，但是它却逃不出渔人的笼子。

原文

水定则清正，动则失平。故唯不动，则所以无不动也。江河所以能长百谷者，能下之矣，夫惟能下之，是以能上之。天下莫[①]相憎于胶漆，而莫相爱于冰炭。胶漆相贼，冰炭相息也。墙之坏，愈其立也；冰之泮[②]，愈其凝也：以其反宗。

注释

①莫：文中意为没有比……更不……

②泮：散，解，溶解。

译文

水静止的时候会显得特别清澈平稳，但是当流动起来的时候就失去了这种平和的感觉。所以只有不动，才能无所不动。长江和黄河能够比百谷内的河流还要长，是因为它们能奔腾到最为低下的地方去，只有到得了低处，才能高高在上。天下没有比胶和漆更不能相互融合的了，也没有比冰和炭更加相爱的了。胶漆败坏彼此，而冰炭生长彼此。墙壁倒塌后，同站着的时候相比，则更加自在；冰块融化之后，要比它凝固的时候还有自由很多，这些只不过是回到了他们最初的状态罢了。

卷十七　说林

原文

足所蹍[1]者浅矣，然待所不蹍而后行；智所知者褊[2]矣，然待所不知而后明。游者以足蹶，以手抪，不得其数，愈蹶愈败；及其能游者，非手足者。

注释

①蹍：蹈、踩。

②褊：本义是指衣带或衣服狭小，文中指凄凉狭小，有限。

译文

人走路的时候，跨出的每一步都是有限的，但就是这样，不停地踩踏没有踩踏过的地方，才能走向远处；同样，人的智慧每次能掌握的事理也是有限的，但就是不断地认识未曾认识过的事理才能越变越聪明。初学游泳的人用脚乱扑腾、用手乱抓挖，没有掌握游泳的技艺，越扑腾、乱抓挖，越往下沉；而当人一旦掌握了游泳的技艺，就用不了手脚如此慌乱了。

原文

鸟飞反乡，兔走归窟[1]，狐死首丘，寒将翔水：各哀其所生。毋贻[2]盲者镜，毋予躄者履[3]，毋赏越人章甫，非其用也。

注释

①窟：洞穴。

②贻：给，赠送。

③履：鞋子。

译文

鸟儿飞走了最后也要飞回到自己的家乡，兔子跑得再远也要回到自己的洞穴；狐狸在临死的时候，总要将自己的头朝着巢穴所在的山丘方向；寒将鸟喜欢在水面上飞翔：它们各自依恋着自己的生存环境。不给盲人送镜子，不给跛子送鞋，越地的人不要送给他帽子，因为这些东西对于他们而言，一点用处都没有。

原文

椎固[1]有柄，不能自椓；目见百步之外，不能自见其眦[2]。

注释

①固：安装。

②眦：代指眼睑、眼眶。

译文

椎子上面安装着木柄，但是却无法敲击到自己；眼睛可以看到百步开外的东西，但是却看不到眼眶。

原文

狗彘[1]不择甂瓯[2]而食，偷肥其体而顾近其死；凤皇高翔千仞之上，故莫之能致。

注释

①彘，本指大猪，后泛指一般的猪。

②甂瓯：泛称粗陋的陶质小盆小瓮。

译文

猪狗吃东西的时候只埋头进食，不在乎装食物的器具，苟且贪生从而将自己吃得很肥，这样反而将自己推向了死亡；凤凰在高空中飞翔，从来都不随便休息吃东西，所以从来都没有人能够引诱它上钩自投罗网。

原文

月照天下，蚀于詹诸①；腾蛇游雾②，而殆于蝍蛆③；乌力胜日，而服于鵻礼，能有修短也。

注释

①詹诸：即蟾蜍。

②蝍蛆：一说是蟋蟀。一说是蜈蚣。

③乌：文中指三足乌鸦。据说三足乌鸦吸收了太阳的光芒，因此有着巨大的能量。

译文

月亮的光辉能够照亮天下，但是却能够被蟾蜍咬缺掉；腾蛇能腾云驾雾，却唯独害怕小小的蝍蛆；三足乌鸦可以忍受太阳炽热的烘烤，却害怕比它小的鵻礼鸟：这一切都说明它们都有自己的长处和短处。

原文

莫寿于殇子①，而彭祖为夭矣②。短绠不可以汲深，器小不可以盛大，非其任也。怒出于不怒，为出于不为。视于无形，则得其所见矣；听于无声，则得其所闻矣。

注释

①殇：没有到成年就死去了。

②彭祖：也叫彭铿，是汉族民间传说中的神仙，相传彭祖活了八百八

十多岁。

译文

如果认为没有比夭折归天更长寿的了，那么彭祖活八百岁也算是短命的。短绳的汲水器不能汲取深井的水，容量小的器皿装不下大的东西，这是因为它们胜任不了。愤怒出自不怒之时，有为出于没有作为之前。能看清无形，那么就能看清所有物体；能听见无声之声，那么天下就没有什么不能听到的了。

原文

至味不慊①，至言不文，至乐不笑，至音不叫，大匠不斫，大庖不豆，大勇不斗：得道而德从之矣，譬若黄钟②之比宫、太蔟③之比商，无更调焉。

注释

①不慊：没有感到满足，没有获得快感。

②黄钟十二律之一。声调最洪大响亮。

③太簇：十二律中阳律的第二律。

译文

最鲜美的味道尝着都不会引起快感，最高深的语辞不会讲究文饰，最大的快乐是没有笑意，最高的声音不呼叫；最高明的工匠无须砍削，最高明的厨师无须陈列食具，最勇敢的人不以打斗取胜。这些均是掌握了“道”，“德”也就随着而来了，就像黄钟配宫音、大蔟配商音，不可更改这声音的调配。

原文

以瓦铨者全①，以金铨者跛②，以玉铨者发③。是故所重者在外，则内为之掘④。逐兽者目不见泰山，嗜欲在外，则明所蔽矣。

注释

①钰（zhù）：通“注”，赌注，指赌博时押下的财物。全：心神安定。

②跋：走路不稳，这里指心神不安。

③发：疾速，这里指内心焦虑。

④内：内心。掘：通“拙”，笨拙。

译文

用瓦器作为赌注的人，心里一定非常镇定，不会慌乱，以黄金作为赌注的人，一般都会心神不宁，将美玉作赌注的人，内心必定要焦虑很多。这是因为过于看中这类东西，反而使自己的内心世界和心智变得笨拙起来。这就好比在追逐猎物的时候，眼睛和心智完全都放在了这个猎物身上，从而导致泰山这么大的物体都看不见了，是因为眼睛被外物所蒙蔽了。

原文

听有音之音者聋，听无音之音者聪；不聋不聪，与神明通。

译文

听有音的声音耳朵会聋，听无音的声音耳朵会更加灵敏；既不聋又不灵，才可以被称为神明相通。

卷十八　人间

原文

清静恬愉，人之性[①]也；仪表规矩，事之制也。知人之性，其自养不勃[②]；知事之制，其举错不惑[③]。发一端，散无竞；周八极[④]，总一管，谓之心。见本而知末，观指而睹归，执一而应万，握要而治详，谓之术。居知所为，行知所之，事之所秉[⑤]，动知所由，谓之道。道者，置之前而不轾，错之后而不轩，内之寻常而不塞，布之天下而不窕。是故使人高贤称誉己者，心之力也；使人卑下诽谤己者，心之罪也。夫言出于口者不可止于人，行发于迩者不可禁于远。事者难成而易败也，名者难立而易废也。千里之堤，以蝼蚁之穴漏；百寻之屋，以突隙之烟焚。《尧戒》曰："战战栗栗，日慎一日。人莫蹪[⑥]于山，而蹪于垤。"是故人皆轻小害，易微事，以多悔。患至而后忧之，是犹病者已惓[⑦]而索良医也，虽有扁鹊[⑧]、俞跗[⑨]之巧[⑩]，犹不能生也。

注释

①性：本性。

②勃：通"悖"，乱。

③举错：亦作"举措"。

④八极：泛指各方。

⑤秉：秉承。

⑥蹪：同"颓"。

⑦惓：病危。

⑧扁鹊：姓秦，名缓，字越人，尊称扁鹊，号卢医。扁鹊是战国时著名医学家，居中国古代五大医学家之首。

⑨俞跗：上古时期的医学家家，相传擅长外科手术，是黄帝的臣子。

⑩巧：精巧的技艺。

译文

人的本性在于清静恬愉；人的处事原则在于仪表规矩。知道人的本性，那么人自身的修养就不会悖谬；明白了处事的原则，自己的行为准则就不会乱套。从一端出发，经过没有穷尽的散逸，周游八极之后再次回到它的中枢地域，这就叫“心”。如果看到了事情的本质，就推断到事物未来的发展方向，看见了事物的指向，就能够提前预见到事物的重点，掌握了要点，来应对繁多，把握纲要就能够详繁地进行治理，这种本领被称为“术”。静居时知道自己在做什么、行动的时候知道自己的目的地在哪里、处理事情的时候知道自己依照的原则、知道自己举动所蕴含的原因，达到这种境界就被称为“道”。“道”置搁在最前面，它不会低伏，放置到最后面则不会翘起，纳入狭窄的地方不会显得壅塞，散布在天下没有留下任何一处空隙的地方。所以别人称赞自己，也是“心”的功力；别人轻视和诽谤自己，这是“心”的罪过。话是从自己的嘴巴中说出来的，别人没有办法进行阻止；行为发生在自己的身上，远处的人们是没有办法阻止你的。事情难以成功，常常面临失败，名声难以树立却常常被毁坏。千里长堤，因为蝼蚁的洞穴渗水而决溃，百丈的高楼，由于从烟囱裂缝中出现的火花而被烧毁。《尧戒》中说：“战战栗栗，一天比一天谨慎。人不会被明显大的山绊倒，绊倒自己的往往是那些小小的土堆。”所以，人们都在轻视小的事情，忽略那些小小的危害，最后招致祸患了才开始后悔。灾祸降临后再开始发愁，就和得到了病危通知书才去想办法寻求良医，这个时候即使请来扁鹊、俞跗这样的名医，也治不好病人的病啊。

原文

夫祸之来也，人自生之；福之来也，人自成之。祸与福同门，利与害为邻，非神圣人，莫之能分。凡人之举事，莫不先以其知规虑揣度，而后敢以定谋。其或利或害，此愚智之所以异也。晓然自以为知存亡之枢机①、祸福之门户，举而用之，陷溺于难者，不可胜计也。使知所为是者，事必可行，则天下无不达之途矣。是故知虑者，祸福之门户也；动静者，利害之枢机也。百事之变化，国家之治乱，待而后成。是故不溺于难者成，是故不可不慎[2]也。

注释

①枢机：指事物运动的关键。

②慎：慎重，谨慎。

译文

灾祸的降临是因为自己的原因才招惹来的；幸福的到来也是通过自己的努力得来的。这祸福同出一门，利害关系相近为邻，不是圣明的人，是很难区分辨别到这中间蕴含的奥秘的。只要人们想要做成某件事情，首先就需要通过智慧对这件事情进行揣度，然后再根据这次思考的结论来制订计划和实践结果，有人得利有人受害，这就是聪明的人和愚蠢的人的差别所在。但是那些自以为明白存亡关键、祸福的人，在处理事情的时候，常常会陷入危难的境地当中，这样的事例发生过很多，数都数不过来。假若大家能预先知道自己的想法主张是否正确，是不是能够执行下去，那么天下就没有行不通的路了。但是事实上并非如此。由此可见，智虑思考关系到最终的祸福结果，行动举措是利害的关键。事情百事的变化、国家的治乱，都需要正确的思想和行动，不能不谨慎对待啊。

原文

圣人敬小慎微，动不失时，百射重戒，祸乃不滋[1]。计福勿及，虑祸过之；同日被霜，蔽者不伤；愚者有备[2]，与智者同功。

注释

①滋：滋生。

②备：防备。

译文

圣人在行动的时候非常谨慎，也非常合乎时机。对于那些非常复杂的有害现象，机会提前层层设防，所以灾祸一般不会出现。对福则不需要思考过多，对祸患也要更加谨慎一些。同时受到霜打，有遮盖物保护的不容易受到伤害；愚钝的人有了防备，就能够和聪明人一样取得最终的成功。

原文

夫爝火[①]在缥烟之中也，一指所能息也；唐[②]漏若鼷穴，一墣之所能塞也。及至火之燔孟诸而炎云梦，水决九江而渐[③]荆州，虽起三军之众，弗能救也。夫积爱成福，积怨成祸，若痈疽之必溃也，所浼者多矣。诸御鞅复于简公[④]曰："陈成常、宰予[⑤]二子者，甚相憎也，臣恐其构难而危国也。君不如去一人。"简公不听。居无几何[⑥]，陈成常果攻宰予于庭中，而弑简公于朝。此不知敬小之所牛也。

注释

①爝火：炬火，小火。

②唐：同"塘"指堤坝。

③渐：蔓延。

④简公：即齐简公，姜姓，吕氏，名壬，齐悼公之子，前 484 年至前 481 年在位。

⑤宰予：字子我，亦称宰我，春秋末鲁国人，孔子著名弟子，"孔门十哲"之一。被孔子许为其"言语"科的高才生，排名在子贡前面。

⑥几何：若干，多少

译文

飘忽微小的小火星，只需要一根手指头就能按灭它；堤坝上的漏洞，哪怕到了老鼠洞那么大，也只需要一个土块就可以堵塞住。但是等到火势蔓延，烧到了孟诸泽，大火的范围有云梦泽那么大的一大片区域的时候，当洪水从九江决口、直到整个荆州都被淹没，这个时候哪怕出动全国的军队，也无济于事。积累仁爱会带来幸福，积聚怨恨就会招致祸患的发生，如同痈疽恶疮一定会腐烂溃败一样，污染的地方也是非常大的。诸御鞅向齐简公禀报说："陈成常和宰予，他们两个人之间有很深的怨恨，我怕会因为他们之间的怨恨而导致国家出现混乱，君主您还是考虑除掉其中的一个人比较好。”简公没有听从这个建议。果然，没过多久，陈成常在庭院里杀死宰予，然后在朝堂之上杀死了齐简公。这就是不注重处理小事而造成的后果。

原文

鲁季氏与郈氏斗鸡，郈氏介其鸡，而季氏为之金距①。季氏之鸡不胜，季平子②怒，因侵郈氏之宫而筑之。郈昭伯怒，伤之鲁昭公③曰：“祷于襄公之庙，舞者二人而已，其馀尽舞于季氏。季氏之无道无上久矣，弗诛，必危社稷④。”公以告子家驹。子家驹曰：“季氏之得众，三家为一，其德厚，其威强，君胡⑤得之?”昭公弗听，使郈昭伯将卒以攻之。仲孙氏、叔孙氏相与谋曰：“无季氏，死亡无日矣。”遂兴兵以救之。郈昭伯不胜而死，鲁昭公出奔齐。故祸之所从生者，始于鸡足；及其大也，至于亡社稷。

注释

①距：倒刺。

②季平子：即季孙意如。春秋时鲁国正卿，姬姓，季氏，谥平，史称“季平子”。其封地即为现在临沂市平邑。

③鲁昭公：姬姓，名裯，一名稠、袑，鲁襄公之子，母齐归，春秋时期鲁国第二十四位国君。

④社稷：土神和谷神的总称。后指国家。

⑤胡：怎么，如何。

译文

生活在鲁国的季氏和郈氏两家，在斗鸡的时候，为了赢得比赛，郈氏为鸡披上了厚厚的铠甲，而季氏则在鸡爪上装上了金属的尖爪。最后季氏的鸡斗输了，季平子很不高兴，就趁机侵占了原本属于郈家的宅院，还修起来高高的围墙。看到这种情况，郈昭伯也非常愤怒，他到鲁昭公面前对季平子进行诽谤，他说：“在祭祀襄公庙堂的时候，季氏用的舞者只有两个，其他的舞者都去季氏宗庙起舞了。季氏如此忤逆，如此欺君罔上已经很久了，如果不杀掉季平子，一定会后患无穷的。”鲁昭公将郈昭伯的话告诉了子家驹。子家驹说：“季氏在民间有很深的声望，如今三兄弟又结成一体，势力强大，德行高尚，不是我们能对付得了的啊。”鲁昭公不听，固执地派遣郈昭伯率领大军前去攻打季氏。仲孙氏和叔孙氏一起商量说：“如果没有季平子，那么我们两家也就岌岌可危了。”于是两家出兵，前去声援季平子。最后，郈昭伯战败被杀，鲁昭公也因此而仓皇逃亡到齐国。这场灾难的苗头，只是一件小小的斗鸡事件，但是不加以管制，等事情闹大以后，竟会导致国家的灭亡。

原文

故蔡女①荡舟，齐师②大侵楚。两人构怨③，廷杀宰予，简公遇杀，身死无后，陈氏代之，齐乃无吕。两家斗鸡，季氏金距，郈氏作难，鲁昭公出走。故师之所处，生以荆楚；祸生而不蚤灭，若火之得燥，水之得湿，浸而益④大。痈疽发于指，其痛遍于体。故蠹蝝⑤剖梁柱，蚊虻⑥走牛羊，此之谓也。

注释

①蔡女：即蔡姬。

②师：军队。

③构怨：结怨，结仇。

④益：更加、越发。

⑤蠹蝝：蛀虫。

⑥蚊虻：亦作“蝱虻”。一种危害牲畜的虫类。

译文

蔡姬在船上嬉戏玩耍的时候，导致了船体震荡，让齐桓公受了惊吓，从而导致了齐国和楚国之间的战争。陈成常和宰予结仇，最终导致了宰予被杀在自家的后院之中，齐简公也因此而亡命。简公死后没有明确的国君来继承，陈氏趁机夺取了天下，从此，齐国不再是吕家的一部分。季氏和郈氏斗鸡，季氏给鸡装上金属尖爪，引起了郈昭伯的进攻，鲁昭公被迫出逃避难。所以战争一旦发生，军队所到达的地方，一般都是人烟荒无、荆棘丛生的地方；祸患的苗头如果没有及时进行遏制，那么就像火碰上干燥物、水流到低湿处，灾难就会迅速蔓延扩散开来，最后导致一发不可收拾。痈疽恶疮虽然只是在手指头上长着，但是它们引发的疼痛却是全身都可以感受得到。蠹虫白蚁能咬倒房梁屋柱，蚊虫牛虻会叮得牛羊痛得乱跑。所有的事情，都是因为小的祸患没有被遏制，而导致了大的祸患。

卷十九　修务

原文

或曰："无为者，寂然无声，漠然不动；引之不来，推之不往。如此者，乃得道之像。"吾以为不然，尝试问之矣："若夫神农、尧、舜、禹、汤，可谓圣人乎?"有论者必不能废。以五圣观之，则莫得无为，明矣。古者，民茹草饮水，采树木之实，食蠃蛖[1]之肉，时多疾病毒伤之害。于是神农乃始教民播种五谷，相土地之宜，燥湿肥垸高下；尝百草之滋味、水泉之甘苦，令民知所辟就[2]。当此之时，一日而遇七十毒。尧立孝慈仁爱，使民如子弟。西教沃民，东至黑齿，北抚幽都，南道交趾。放[3]欢兜[4]于崇山，窜三苗于三危[5]，流[6]共工于幽州[7]，殛[8]鲧于羽山。舜作室筑墙茨屋，辟地树谷，令民皆知去岩穴，各有家室。南征三苗，道死苍梧。禹沐浴淫雨，栉扶风，决江疏河，凿龙门，辟伊阙，修彭蠡[9]之防，乘四载，随山栞木，平治水土，定千八百国。汤夙兴夜寐，以致聪明；轻赋薄敛，以宽民氓；布德施惠，以振困穷；吊死问疾，以养孤孀；百姓亲附，政令流行。乃整兵鸣条，困夏南巢，谯以其过，放之历山。此五圣者，天下之盛主，劳形尽虑，为民兴利除害而不懈。奉一爵[10]酒不知于色，挈[11]一石之尊则白汗交流，又况赢天下之忧而任海内之事者乎？其重于尊亦远也！且夫圣人者，不耻身之贱，而愧道之不行；不忧命之短，而忧百姓之穷。是故禹之为水，以身解于阳盱[12]之河；汤苦旱，以身祷于桑山之林。圣人忧民如此其明也，而称以"无为"，岂不悖[13]哉?

注释

①蠃蛖：蠃：蚌类，读音为"罗"。蛖：即蚌的古字。

②辟就：避开和接近。指取舍。

③放：流放。

④欢兜：相传自上古时唐尧时人，为尧帝之臣，传说为颛顼之子，黄帝有虞氏后裔，生活在公元前22世纪。因与共工、三苗、鲧“作乱”，被称四罪，被舜流放到崇山。

⑤三危：是史书记载中最早的敦煌地名。

⑥流：流放。

⑦幽州：据《周礼·职方》载，“东北曰幽州”。其范围大致包括今河北北部及辽宁一带。

⑧殛：谴责、流贬。

⑨彭蠡：即彭蠡湖，一说为鄱阳湖古称。

⑩爵：汉族古代一种用于饮酒的容器。

⑪挈：提起；悬持。

⑫阳盱：又作杨纡。古泽薮名。

⑬悖：悖论、荒谬。

译文

有人说：“所谓无为，就是寂然无声，漠然不动；拉他他不来，推他他不去。像这样子，才叫把握道的原则。”我并不是这样认为的。试问：“像那神农、尧、舜、禹、汤这些可以被称为圣人吧？”只要知晓道理的人一定会给出赞同的答案。从这五位圣人的身上，我们可以看出他们并不是“无为”的，这是显而易见的。在远古时候，人民吃野菜、喝生水，为了填饱肚子，人们开始采摘树上的果实，吃生的螺蚌肉来填饱肚子，因而经常受到疾病和毒物的侵害。面对这种情况，神农氏开始教导人民播种五谷，观察土壤的干燥潮湿、肥沃贫瘠、地势高低，并且教给他们什么样的土地适合种植什么样的农作物，神农氏还品尝百草、泉水，以便告知人们什么办法才能有效避开那些含有有害物质的东西。在此期间，神农氏于一天之内，会受到七十多次的毒害攻击。尧帝将孝慈仁爱这种品质确定下来，对待人们就像对待自己的亲人一样。他亲自巡视，向西到达临沃民国，向东到了黑齿国，向北到了幽都，向南到了交趾。他将兜流放到崇山，让有苗部落了迁徙到三危，把共工流放到幽州，又在东方的羽山将鲧杀死。舜帝建造了房屋，在房屋下修筑了挡风的土墙，并用茅草、芦苇等物体遮挡在屋顶之上，从而使人们告别了住在野外穴洞的时候，人们都有了房屋家室。紧接着，舜帝又去南方，平定了三苗的叛乱，最终死在去苍梧的途中。夏禹冒着暴雨、顶着狂风，疏导江河，凿通龙门，开辟伊阙，修筑彭蠡湖堤防，他坐着四种不同的交通工具，在河道、平原、丘陵、沼泽等地带奔波着，在推重，下雨会根据山势的变化而砍削树木当做记号，他平整土地、治理水域，一共安定了一千八百个国家。商汤起早摸黑，竭尽思绪处理着国家的大事；为了减轻赋税，让人民能够过上宽松富裕的生活；夏禹布施德惠，接济贫穷的国家，对死者进行凭吊，宽慰生病的人们，供养孤儿寡妇。所以，人们都诚心诚意地归附汤王，使政令能够顺利地执行下去。在这样的德政下，汤王在鸣条整治军队，把夏桀围困在南巢，谴责夏桀的罪行，最后把夏桀流放到了历山。这五位圣王，在天下都拥有很高的声望，他们不辞辛苦，想尽一切办法思虑国事，为人民兴利除害，没有一刻敢放松自己的。捧一爵酒，脸上不会出现吃力的样子，提起一石重的酒樽，就一定会出汗，更何况他们承担了天下所有的事情呢？这副担子可要比一樽酒要重得多啊！再说，圣人不会因为自己身份的低贱而感到耻辱，反而会因为自己不能实行“道”而惭愧万分；圣人不会因为自己的寿命短而担心，反而担心自己的百姓会受到穷困的困扰。所以夏禹治水，是牺牲着自己的身体，在阳盱河边祈祷神灵消除灾难；商汤时干旱，汤王在桑山之林祈祷，情愿把自己的身体当成祈求的筹码。圣人忧虑人民的疾苦，这些事情都非常明显地摆在那里，还要说他们“无为”，这难道不荒谬吗？

原文

若吾所谓“无为”者，私志不得人公道，嗜欲不得枉正术，循理而举事，因资而立功①，权自然之势，而曲故不得容者②，事成而身弗伐③，功立而名弗有。非谓其感而不应，攻而不动者④。若夫以火熯井⑤，以淮灌山，此用己而背自然，故谓之有为。其夫水之用舟，沙之用鳺⑥，泥之用輴⑦，山之用蔂⑧，夏渎而冬陂⑨，因高为田，因下为池，此非吾所谓为之。

注释

①资：实际情况。功：原脱，王念据孙说补。

②曲故：虚伪巧诈。

③伐：夸耀功劳。

④敀：同“迫”。原作“攻”，据王念孙说改。

⑤熯（hàn）：烘烤。

⑥䩭（niǎo）：一种沙地上所用交通工具。原作“鸠”，从王念孙说改。

⑦輴（chūn）：古代在泥泞沼泽地上所用交通工具，又叫“橇”。

⑧蔂：通“樏”（léi），一种登山时乘坐的交通工具。

⑨渎：沟渠，这里指疏通沟渠。陂：池塘，这里指开挖池塘。

译文

我所说到的“无为”，是说个人的意志和思想是无法掺杂到真理之中的，个人的嗜欲也有办法影响到正确的规律，遵循事情的道理来做事情，根据实际情况来成就事业，权衡依照自然地发展规律，而巧伪和奸诈之类的事情不要参与，事情成功不去炫耀，功业建立了也会独占；这一切并不是说对感触没有任何反应，有了压力也没有举动去应对它。而那种用火去烘烤井水，把淮河都水牵引到山岗上进行浇灌，这些都是违背了自然的发展规律，而是根据自己的意愿而行事的，所以这样的人被人们称为做作。而像在水中乘船，在沙地中用鸠车前进，在沼泽地用橇来前行，在山地中用蔂行走，夏天疏通沟渠，冬天开挖池塘，顺高地造田，在那些地势低洼的地方开掘河塘，这些事情，就不是我说的人为做作。

原文

世俗废衰，而非学者多：“人性各有所修短①，若鱼之跃，若鹊之驳②，此自然者，不可损益③。”

注释

①修短：长短。长处与短处。

②驳：一种颜色夹杂着别种颜色；不纯净。

③损益：在古汉语中指升降；兴革。

译文

世俗每天都在不断地衰败，学习效仿非议的人有很多，他们认为："每个人的性格都不一样，有长有短，这就好比鱼的腾跃、喜鹊的羽毛斑驳是一样，是与生俱来的，不会随着意志而改变，不能减少也不能增加。"

原文

吾以为不然。夫鱼者跃、鹊者驳也，犹人马之为人马，筋骨形体，所受于天，不可变。以此论之，则不类矣。夫马之为草驹[①]之时，跳跃扬蹄，翘尾而走，人不能制，龁咋[②]足以噆肌碎骨，蹶蹄足以破卢[③]陷匈[④]。及至圉人扰之，良御教之，掩以衡扼，连以辔衔[⑤]，则虽历险超堑弗敢辞[⑥]。故其形之为马，马不可化；其可驾御，教之所为也。马，聋虫也[⑦]，而可以通气志，犹待教而成，又况人乎？

注释

①草驹：幼马。

②龁咋：啮咬。

③卢：同"颅"。

④匈：同"胸"。

⑤辔衔：御马的缰绳和嚼子。

⑥辞：躲避，推托。

⑦聋虫；指无知的畜类。

译文

但我却并不是这样认为的。鱼能腾跃、喜鹊羽毛斑驳，这就好比说人是人、马是马，他们的筋骨迎合形体都是与生俱来的，是没有办法改变的。但是用这个作为论据，从而论证事物不能改变这就显得有点不合乎常理了。当马还是马驹，没有进行训练和调教的时候，小马驹总是喜欢扬蹄蹦跳，翘起尾巴奔跑，人们并不控制它的这种举动，它用牙咬人足以咬烂人的肌肉、骨头，用蹄踢人足以踢破人的头颅、胸膛。但是等到养马的人把它驯服之后，优秀的驯马者经过调教，可以给它套上轭头、系上缰绳，在此之后，即使让它经历险境、跨越壕沟，它都没有办法进行躲避。所以它作为马，形状和外形没有改变成其他动物，但是经过相应的调教，就可以逐渐驱散它的野性。马没有意识。但是通过人的意志的贯彻，再进行一定的训练，那么就可以改变它的野性，使之驯服有用，更别说有意识的人了。

原文

且夫身正性善，发愤①而成仁，憪凭而为义，性命可说②，不待学问而合于道者，尧、舜、文王也。沉湎耽荒③，不可教以道，不可喻以德，严父弗能正，贤师不能化者，丹朱④、商均⑤也。曼颊皓齿，形夸骨佳，不待脂粉芳泽⑥而性可说者，西施、阳文也。啳睽哆吻，籧蒢戚施⑦，虽粉白黛黑弗能为美者，嫫母⑧、仳倠⑨也。夫上不及尧、舜，下不及商均，美不及西施⑩，恶不若嫫母，此教训之所谕也，而芳泽之所施。

注释

①发愤：指下决心；立志。

②说：通“悦”。

③耽荒：沉迷惑乱。

④丹朱：华夏族，中国上古部落联盟首领尧的长子。

⑤商均：是五帝之一舜的儿子，出生于上古时代的商（今河南商丘）。商均学习努力刻苦，与羿、禹都是好朋友。商均被舜认为只知道唱歌跳舞，却不会治理朝政和国家大事。

⑥芳泽：指女子仪容。

⑦戚施：驼背。以蟾蜍四足据地，无颈。不能仰视，故喻。

⑧嫫母：又称丑女，上古时期传说人物。

⑨仳倠，据说是我国古代有名的丑女。

⑩西施：本名施夷光，越国美女，一般称其为西施。春秋末期出生于

浙江诸暨。天生丽质，是美的化身和代名词。

译文

再说那天生正直、本性善良、发愤努力，最终成为仁德、慷慨、正义的人，他们的天性让人满意，不需要通过学习就能和道相合，这样的人寥寥无几，也只是尧舜、文王少数几位贤人而已；而那些沉湎于荒淫之中、没有办法通过道德来教化、通过德仁来晓喻、严厉的父亲也不能让他走上正道，良师也不能感化他，这样的人也只是丹朱、商均等少数的几个。肤色细腻、牙齿洁白、体态柔美、骨架均称、不施粉脂就单凭姿态可以迷惑别人的，也只有西施和阳文而已。而缺牙斜眼歪嘴、鸡胸驼背，即使用白粉扑面、黛青画眉也不能变美的，也只有嫫母和仳倠。而大部分的人是上不及尧舜那样圣明崇高，下也不至于像商均那样卑鄙不屑，漂亮也比不上西施，说丑也不至于像嫫母，这些芸芸众生都是能教化开导的，训导美化的。

原文

若夫尧眉八彩①，九窍通洞②，而公正无私，一言而万民齐；舜二瞳子，是谓重明，作事成法，出言成章；禹耳参漏，是谓大通，兴利除害，疏河快江；文王四乳，是谓大仁，天下所归，百姓所亲；皋陶③马喙④，是谓至信，决狱⑤明白，察于人情；禹生于石，契生于卵，史皇产而能书，羿⑥左臂修⑦而善射，若此九贤者，千岁而一出，犹继踵⑧而生。今无五圣之天奉，四俊⑨之才难，欲弃学而循性，是谓犹释船而欲蹍水⑩也。夫纯钩⑪、鱼肠⑫之始下型，击则不能断，刺则不能入；及加之砥砺⑬，摩其锋锷，则水断龙舟，陆钊犀甲。明镜之始下型，矇然⑭未见形容；及其扢以玄锡，摩以白旃⑮，鬓眉微豪可得而察。夫学，亦人之砥锡也，而谓学无益者，所以论之过。

注释

①尧眉八彩：古书记载尧幼时生有异相，眉分八彩。其仁如天，其智

如神。就之如日，望之如云，不骄不舒。传说尧的眉毛有八种颜色，是一种异象，也是帝王之相。

②九窍：即指人体的两眼、两耳、两鼻孔、口、前阴尿道和后阴肛门而言。

③皋陶：偃姓，又作咎陶、咎繇，亦作“皐陶”、“皋繇”或“皐繇”，古代汉族传说中的人物。传说他是中国上古“五帝”之首黄帝的长子少昊（玄嚣）的后裔，东夷部落的首领。皋陶是舜帝和夏朝初期的一位贤臣，传说中生于尧帝统治的时候，曾经被舜任命为掌管刑法的“理官”，以正直闻名天下。

④喙：鸟兽及某些其他动物（如乌龟和章鱼）的嘴。

⑤决狱：判决诉讼的案件。

⑥羿：又称大羿，嫦娥的丈夫。汉族神话传说中的射日英雄。

⑦修：长，修长。

⑧继踵：踵：脚跟。继踵：接踵，指脚跟着脚，前后相接，形容人多。

⑨四俊：指皋陶、稷、契、史皇。

⑩蹶水。谓渡河。

⑪纯钩：即纯钧剑，又名纯钩剑。铜锡合金，是一把尊贵无双的剑。相传为春秋战国时期越国人欧冶子所铸。

⑫鱼肠：十大名剑中的勇绝之剑，为专诸刺王僚时，置之鱼腹中而得名。

⑬砥砺：意思为磨刀石。

⑭矇然：迷糊貌；蒙昧貌。

⑮旃：同“毡”。

译文

再说，尧的眉间可以呈现出八种不同的色彩，九窍畅达而公正无私，尧只要说一句话，就可以让万民齐心协力一起努力；舜的眼中有两个瞳仁，所以舜具备了特异的眼力和判断力，做起事情来也显得特别有法度，也具备了出口成章的能力；禹的耳朵有三个孔道，所以舜对于任何事情都是通晓的，所以舜可以兴修水利，治理水患，他还可以疏通黄河，引导长江；周文王生有四乳，是因为他仁爱，所以天下的臣民都归顺了他，百姓也亲附他；皋陶生着马嘴，象征着诚实，所以在判断案件的时候总是清楚公正，可以明察人间的一切真情；启从母亲所化的石头中蹦出来，契从鸟蛋中生出，苍颉一生下来就会书写字，羿的左臂修长，非常擅长射箭这种技艺。像这九位贤人，数千年的光景才会出现这么一个，但是人们还是希望这样的人能够接连出现。现在有不少人既没有堪比“五圣”的天赋，也没有“四俊”这样的才能，却想依靠着自己的天性放弃学习，这就好像渡河的时候，选择双脚踩水而丢弃船只一样。那纯钩、鱼肠宝剑在处于模子中的时候，甚至没有办法砍断和刺破东西；但是等经过磨刀石的加工之后，锋刃锐利，不仅可以下水砍断龙舟，还可以上岸刺死犀牛。明镜刚从模子出来的时候，照出来的容貌身影模模糊糊；但是等到用玄锡拭擦，白毡磨亮之后，就可以清晰地照出人的鬓发、眉毛、毫发等。学习就像是细磨石和玄锡，然而却有人说学习是没有用的，所以，这种说法是错误没有根据的。

卷二十　泰族

原文

圣人天覆地载，日月照，阴阳调，四时化，万物不同，无故无新，无疏无亲，故能法天。天不一时，地不一利，人不一事，是以绪业不得不多端，趋行不得不殊方。五行[①]异气而皆适调；六艺[②]异科而皆同道。温柔惠良者，《诗》[③]之风也；淳庞敦厚者，《书》[④]之教也；清明条达者，《易》[⑤]之义也；恭俭尊让者，《礼》[⑥]之为也；宽裕简易者，《乐》[⑦]之化也；刺几辩义者，《春秋》之靡也。故《易》之失鬼，《乐》之失淫，《诗》之失愚，《书》之失拘，《礼》之失忮，《春秋》之失訾。六者圣人兼用而财[⑧]制之。

注释

①五行：指木、火、土、金、水。

②六艺：六种技能：礼、乐、射、御、书、数。

③《诗》：即《诗经》。

④《书》：即《书经》，或称《尚书》。

⑤《易》：即《易经》。

⑥《礼》：《礼经》的简称。指的是儒家经典《士礼》。又称《仪礼》，是先秦六经之一，亦是十三经之一。

⑦《乐》：《乐经》的简称。儒家经典著作之一。

⑧财：同“裁”。

译文

圣人就像天覆地载，日月照耀一样，就好比同阴阳调和，如同四季变化，对于不同的事情，能够不以新旧、亲疏来判别，而是能够一视同仁，所以圣人的使出方式是效法天道的。天时不单单只有一个季节，大地也不可能只存在一种利益，人也不可能只学会一种本事，所以圣人的事业并不是杂乱无章的，旨趣行为也不是单方面的。代表着五行的不同气质，尽管不同，但是彼此之间都可以适宜协调；不同门类的六艺，尽管不同但是却有着一样的本质。温惠柔良是《诗》中特有的风格；淳庞敦厚是《书》教诲我们的道义；《易》的要义就是清明条理；恭俭尊让是《礼》教导世人的行为准则；宽裕简易是《乐》的教化；刺讥辩义，是《春秋》的优点。所以《易》的过失在于隐秘，不容易让人听懂；《乐》的失误是在于容易让人沉醉于淫逸之中；《诗》的过失在于能够使人怨愚；《书》的失误在于容易让人是在守旧；《礼》的过失是在于促成卑尊者之间的不满和嫉恨；《春秋》的失误是在于让人们相互进行诋毁攻击。但这六种经典圣人却是兼取并用，通过剪裁取其精华。

原文

治大者道不可以小，地广者制不可以狭；位高者事不可以烦，民众者教不可以苛①。夫事碎难治也，法烦难行也，求多难澹②也。寸而度之，至丈必差；铢③而称之，至石必过。石秤丈量，径而寡失；简丝数米，烦而不察④。故大较易为智，曲辩⑤难为慧。故无益于治而有益于烦者，圣人不为；无益于用而有益于费者，智者弗行也。故功不厌约，事不厌省，求不厌寡。功约易成也，事省易治也，求寡易澹也。众易之，于以任人，易矣！孔子曰：“小辩破言，小利破义，小艺⑥破道；小见不达，达必简。”

注释

①苛：过于严厉、繁重，使人难以忍受。

②澹：通“赡”。

③铢：古代重量单位，二十四铢等于旧制一两，说法不一。

④察：细致。

⑤曲辩：巧辩、诡辩、详细辩驳。

⑥小艺：小技艺。

译文

治理大国的治术不能太过于繁琐，国土辽阔的管理制度不能过于偏狭；位于高位的人处事需要简单，不能烦琐，百姓众多的政治教化也不能够太过于苛细。事务一旦琐碎了，就会难以治理，法令烦杂就很难进行推广和施行，想要得多，就容易不满足。一寸一寸地量，量到一丈的时候就会出现差错；一铢一铢地称，等到一石的时候也会非常容易出现差错。反之，如果用石和丈作为测量的单位，就会方便，准确很多。挑选丝头、细数米粒，不仅麻烦，而且错误百出。所以，处理事务如果从大的方面入手，就会非常容易，也就更容易运用到智慧，纠缠于细曲枝节，智慧就很难被发挥出来了。所以对于那些对治理没有好处，只会徒增麻烦的事情，圣人通常是不会去做的；对那些不实用，却只会白白浪费人的精力的事情，是聪明人所不会做的。所以，简约才能做到大事，俭省才能做好大事，欲求少的话就非常容易满足；这说明功业简约是非常容易做到的，只要俭省就好，满足的前题是欲求少。容易做成的事情，就交给别人去办理，就会容易办成。孔子说：“太烦琐的论证辩说会损害到真理的论证，太过于计较蝇头小利，就会对大义产生妨碍，太过于卖弄雕虫小技，就会影响到大道术，太小的见识无法通达观念的；要想通达大度，就必须要简约。”

原文

河以逶迤①，故能远；山以陵迟②，故能高；阴阳无为，故能和；道以优游③，故能化。夫彻于一事，察于一辞，审于一技，可以曲说而未可以广应也④。蓼菜成行⑤，甂瓯有堇⑥，秤薪而爨，数米而炊，可以治小而未可以治大也。员⑦中规，方中矩，动成兽，止成文，可以愉舞⑧而不可以陈⑨军。涤杯而食，洗爵而饮，盥而后馈，可以养少不可以飨众。

注释

①逶迤：逶迤，亦作“逶池”、“逶蛇”。形容道路、山脉、河流等蜿蜒曲折。

②陵迟：斜平不陡。

③优游：亦作“悠游”，悠闲自得。

④曲说：邪曲之说；不符合常理的解说；偏颇的言论；辗转、委婉的游说、劝说。

⑤蓼菜成行：把蓼菜一棵棵地排列成行。比喻只能治理小事，不能治理大事。

⑥甂瓯：泛称粗陋的陶质小盆小瓮。

⑦员：同“圆”。

⑧愉舞：欢乐地舞蹈。

⑨陈：列阵，指挥。

译文

黄河的河道曲折蜿蜒，所以能够流向很远的地方；高山由深长隽永，所以能够高远广大；大道由于悠游，所以可以感化教育万事万物。只通晓一类事情，知晓一种说法，精通一门技艺，就可以精确地认识到某一类事情，但是却不能应付广阔存在的万物。像蓼菜成行那样办事情，有条不紊，秩序井然，像小盆因为有了底座一样而变得稳当可靠，秤着柴来烧灶，数着米粒来做饭，谨慎小心地做事，只能应付一些小的事情而已，是派不上大用场的。圆符合圆规的要求，方符合矩尺的要求，所以当它们行动的时候，就能够模仿兽类的动作，停止下来在温文尔雅的同时，还具有威仪，能够很好指挥这种情况的人，指挥乐队是没有问题的，但是却不能让他指挥军队。洗净杯子之后再去盛放食物，洗好酒器再去乘放酒，洗手之后再去碰食品，这样的人负责寥寥数人的饭食是没有问题的，但是管理三军的膳食就胜任不了了。

原文

故法者，治之具也，而非所以为治也，亦犹弓矢①，中之具，而非所以中也。黄帝曰："芒芒昧昧，因天之威，与元同气。"故同气者帝，同义者王，同力者霸，无一焉者亡。故人主有伐国之志，邑犬群嗥，雄鸡夜鸣，库兵动而戎马惊。今日解怨偃兵②，家老甘卧，巷无聚人，妖菑不生：非法之应也，精气之动也。故不言而信，施而仁，不怒而威，是以天心动化者也；施而仁，言而信，怒而威，是以精诚感之者也；施而不仁，言而不信，怒而不威，是以外貌为之者也。故有道以统之，法虽少，足以化矣；无道以行之，法虽众，足以乱矣。

注释

①弓矢：即弓箭。

②偃兵：偃：放倒。兵：武器。指停止战斗。

译文

所以，法只是作为一种工具而用在治国之中，并不是治国的根本，就像弓和箭一样，最终的目的只是射中目标，但是并不是射中靶的关键。黄帝说："茫茫昧昧，凭借着上天的神威，与天地元气相通。"所以，能够和元气相互融通的可以被称为帝，可以融合道义的就可以被称为王，与强力相互融合的，则可以称霸四方，如果这三个方面都不具备的，那么就只能面对灭亡了。所以国君一旦有了侵略他国的意愿，那么自己所管辖的邑城，狗就会成群吠叫，雄鸡半夜啼鸣，兵库里面陈放的器械就会响动，战马也会因此而躁动不安。但是，如果能够和敌国消除仇怨，停止战争，那么家中的父老不仅会睡觉香甜，就连街巷中也没有议论纷纷的人群，自然就不会出现那些妖害的事情：这不是法令施行的效果，而是精诚之气感化的结果。所以不需要通过语言教化，就能够彰显出自己的诚信、不施恩惠就显示仁慈、不必动怒就显示威严，这些都是因为以天之心而感化的；施舍恩惠可以体会出仁慈之心，言说之后才能凸显出诚信、发怒了才显示威严，这是用人的精诚来感化的；恩惠施与了却显示不出自己的仁慈、信誓旦旦却没有获取诚信、大发雷霆却没有任何威严的存在，这是因为所有的事情都是表面处理而已。所以用“道”来统帅，法令即便少得可怜，也足够感化人们；没有以“道”来统帅，法令再多，民心也不会安定下来，反而不断地出乱子。

原文

治身，太上养神，其次养形；治国，太上养化，其次正法。神清志平，百节皆宁，养性之本也；肥肌肤，充肠腹，供嗜欲①，养生之末也。民交让争和卑，委利争受寡，力事争就劳，日化上迁善而不知其所以然，此治之本也；利赏而劝善，畏刑而不为非，法令正于上而百姓服于下，此治之末也。上世养本而下世事末，此太平之所以不起也。夫欲治之主不世出，而可与兴治之臣不万一，以不万一求不世出，此所以千岁不一会也。

注释

①嗜欲：指肉体感官上追求享受的要求。

译文

修身，最重要的就是要修养自己的精神，接下来才是对自己的形体进行修养；治理国家，感化才是最重要的目的，其次才是严明法令。精神清明，心志平和，全身的每一道血脉都会感觉到安顺，这才是养性的根本；肌肤肥胖、脂膏满腹，还有无穷无尽的嗜欲，这基本上就走到了养生的末节。人们彼此间谦让、争处卑下的地位、在涉及利益的时候不会争抢，反而去争抢那些少的，努力工作争着处理那些辛苦繁琐的事情，每天向善上进，这才是上等的统治；通过物质的奖励来激发人们的干劲，通过宣传让人心向善，使百姓对刑法产生畏惧而不敢做违反法律的事情，上面执法严明，下面百姓臣服，这个最为下等的治理方法。上古时代的人们，非常注重养性的根本，到了现在，人们反而注重那些细微的枝末

细节，这就是为什么再也难以见到太平世道的原因。想治理好社会的圣主不是世世代代都会出现的，而那些辅佐君王的贤臣，也是难得的；难以寻找的贤臣要想碰上圣主，那就更加困难了，所以说贤臣和圣主的结合，才真的是千载难逢的事情啊。

卷二十一　要略

原文

《原道》者，卢牟①六合，混沌②万物，象太一③之容，测窈冥④之深，以翔虚无之轸，托小以苞大，守约以治广，使人知先后之祸福，动静之利害。诚通其志，浩然⑤可以大观矣。欲一言而寤，则尊天而保真；欲再言而通，则贱物而贵身；欲参言而究，则外物而反情。执其大指⑥，以内洽五藏⑦，瀸渍⑧肌肤，被服法则，而与之终身，所以应待万方，览耦百变也，若转丸掌中，足以自乐也。

注释

①卢牟：犹规模。

②混沌：也写作浑沌，中国古人想象中天地未开辟以前宇宙模糊一团的状态，后用以形容模糊隐约的样子。

③太一：古代指天地未分前的混沌之气。

④窈冥：遥空；极远处。

⑤浩然：盛大的样子。

⑥指：同“旨”。

⑦五藏：心藏神，肺藏魄，肝藏魂，脾藏意，肾藏精志之五脏分藏。

⑧瀸渍：浸渍。

译文

《原道》这篇文章的内容，规划了天地四方，探寻了世间万物形成的自然规律，拟象元气的形状，追寻大道的深远，而翱翔在无边无际，包含一切的领域。精神虽然可以寄托在那些微小的事情之上，但是却可以包容深广，持守简约但是却可以将广大的地域治理，人们洞悉了祸福发生的先后次序，也就可以明白行止之间的关系。如果真的可以通达它的旨意，对纷杂的事物有透彻明了的了解。如果想通过一句话来明白其中的道理，那么就是尊重天道而保持本性；如果需要第二句话进行补充，那么就是轻视外物而重视自身；第三句话用来探究蕴含在其中的奥秘，就是抛去外物而返回真情。只要充分掌握了这其中的要领，就可以对内润泽五脏六腑，对外浸渍肌肉皮肤。只有亲自体会到了这个自然法则，就可以终身和它相伴。可以用来应对万方，揽合百变。对待万方百变，就像弄丸掌中，自己也完全可以得到其中的乐趣。

原文

《俶真》者，穷逐终始之化，嬴捋有无之精，离别万物之变，合同死生之形，使人遗物反己，审[①]仁义之间，通同异之理，观至德之统，知变化之纪，说符玄妙之中，通迵[②]造化之母也。

注释

①审：细思考，反复分析、推究。

②通迵：犹通洞，通晓明察。

译文

《俶真》这篇文章中的内容，主要是探求自然界的起始终结和它们的变化规律，其中包含了微妙的有、无相生的精髓，辨别万物的规律，等齐合同生相死的形体关系，让人们明白了返回自己真性情的重要性，从而可以审察清楚仁义和得失才是最重要的，明白了沟通与差别之间的联系，观察到道德之间的从属，寻求千变万化的头绪，来对符验进行玄妙的解说，通达自然变化的根源。

原文

《天文》者，所以和阴阳之气，理[①]日月之光，节[②]开塞之时，列星辰之行，知逆顺之变，避忌讳之殃[③]，顺时运之应，法五神之常，使人有以仰天承顺④，而不乱其常者也。

注释

①理：理顺、协调。

②节：调节、掌握。

③殃：灾难。“殃”是尚属苗头发生阶段，可以请巫傩作法怯除的灾难。

④承顺：指顺从承受和顺接。

译文

《天文》这篇文章的内容，主要是用来协调阴阳二气之间的关系，理顺日月的变化运行规律，掌握发生、关闭的季节变化，排列星辰之间的运行；可以知晓逆行和顺行的变化规律，从而躲避掉忌讳和祸殃；可以顺从天时的变化规律，遵循五星之神的活动规则。从而让人们可以尊崇天道、顺应自然，按照他们自己的规律进行运转。

原文

《地形》者，所以穷南北之修，极东西之广，经山陵之形，区①川谷之居，明万物之主，知生类之众，列山渊之数，规②远近之路，使人通回周备，不可动以物，不可惊以怪者也。

注释

①区：区别、划分。

②规：规划。

译文

《地形》这篇文章主要探究了天地南北之间的长度、东西之间的距离，划分出了山林、河谷的分布范围和地势情况，同时，还明确指出了万物的主宰，生物的种类也得以明晰，文中还把山渊的数量列举了出来，对道路的远近进行规划，从而使人能够到达四面八方，也不会因为一些怪异的物象而受到惊吓。

原文

《时则》者，所以上因天时，下尽地力，据度行当，合诸人则，形十二节①，以为法式，终而复始，转于无极，因循仿依，以知祸福，操舍开塞，各有龙忌，发号施令，以时教期②，使君人者知所以从事。

注释

①节：节令、月令。

②期：通“綦”，

译文

《时则》这篇文章的主要内容，是说向上，要按照自然的运行规律，向下要充分将土地的潜力激发出来；根据六度的法则，爱适合的节令做恰当的事情，以便乐意符合人类的生活模式，制定的十二个月的月令，作为共同遵循的准则，终而复始地进行着，没有休止，没有穷尽。在自然法则的作用下，依然需要效法。明白了祸福产生的规律，就需要有所持守和舍弃，各自都有鬼神的禁忌。国君发布政令，对管辖的百姓进行教化。这样一来，可以使统治者知道自己从事的究竟是什么样的政事。

原文

《览冥》者，所以言至精之通九天也，至微之沦无形也，纯粹之入至清也，昭昭之通冥冥也，乃始揽物引类①，览取挢掇，浸想宵类②。物之可以喻意象形者，乃可以穿通窘滞，决渎壅塞③，引人之意，系之无极，乃以明物类之感，同气之应，阴阳之合，形埒之朕④，所以令人远观博见者也。

注释

①引类：引：招来；类：同类。指招引志趣相同的人。援引为同类。

②宵类：谓相似的事物。宵，同“肖”。

③壅塞：堵塞、壅滞、壅蔽。

④朕：形迹。

译文

《览冥》这篇文章的主要内容，是用来说明最为纯真的精气可上通九天，最微小的事物在无形之中也可以逐渐被湮灭，最洁净的境地存在在纯清精粹的屋子之内，光明的东西在黑暗中也可以通行。于是挹取万物是非常容易的。撮持积聚，逐渐形成了相似的事物。世间的所有事情只要能够彰显出意旨，形象地摹画出事物，就说明可以和自然界相互融通，疏决川渎，堵塞险要之间互相关联，从而对人们的意志进行引导相，把没有穷尽的事物相互贯通，用以表明万物种类之间的感应，说明相同的精气可以互相应和，阴阳二气的互相融合，能够在天地间彰显出来，这样就能让人看得更加宽广。

原文

《精神》者，所以原本人之所由生，而晓寤[①]其形骸[②]九窍取象与天，合同其血气，与雷霆风雨，比类[③]其喜怒，与昼宵寒暑并明，审死生之分，别同异之迹，节动静之机，以反其性命之宗，所以使人爱养其精神，抚静其魂魄，不以物易己，而坚守虚无之宅者也。

注释

①晓寤：引证解释领会；觉悟。

②形骸：人的躯体。

③比类：比拟；比较。

译文

《精神》这篇文章的主要内容，主要探讨了人类产生的本源，领悟明白了人的形骸、九窍都是和上天同一的；人体的血液、精气可以比照大自然的雷霆风雨；人体的喜怒哀乐，可以相比白天黑夜、严寒酷暑。明白生死之间的变化。调节动静，返回生命的本源。让人们对自己的精神进行爱护和保养，抚慰宁静自己的魂魄，不要因为外界的干扰就改变自己的天性，而坚守大道的根本。

原文

《本经》者，所以明大圣之德，通维初之道，埒略[①]衰世古今之变，以褒先世之隆盛，而贬末世之曲政也，所以使人黜[②]耳目之聪明、精神之感动，樽流遁之观，节养性之和，分帝王之操[③]，列小大之差者也。

注释

①埒略：分辨区别。

②黜：罢黜、废黜。

③操：文中引申为权为。

译文

《本经》这篇文章的主要内容，是彰显了圣人所具有的美好德行，古代圣贤开创的道德伦理，列举了哀世道德和古今道德的变化，对先前的盛世进行褒奖，对末世的弊政进行批判。废黜耳目的聪明，使精神安宁，抑制由于情欲而产生的五种淫逸，从而对养性进行充分的调节，分散帝王手中的权势，罗列大小之间的差别。

原文

《主术》者，君人之事也，所以因作任督责[①]，使群臣各尽其能也。明摄权操柄，以制群下，提名责实，考之参伍，所以使人主秉数持要，不妄喜怒也。其数直施而正邪，外私而立公，使百官条通而辐辏[②]，各务其业，人致其功。此主术之明[③]也。

注释

①督责：督察责罚；督促责备。

②辐辏：形容人或物聚集像车辐集中于车毂一样。

③明：聪明、高明。

译文

《主术》这篇文章的主要内容，是陈述了君主进行国家管理的方法。国君如何任用百官，督察责罚，让每一位官员都能够发挥自己的才能，君主如何才能高明地将政权掌握到手中，抓住要害，不喜形于色。君主的统治方法，可以使邪曲变得正直，排除私欲而能树立公道。这种方法，还可以使百官如同枝条一样通向树干，向车辐向车轴聚拢一样，只要每个人做好自己的本业，便可以人人达成功业，这就是国君统治的聪明之处。

原文

《缪称》者，破碎道德之论[①]，差次仁义之分[②]，略杂[③]人间之事，总同乎神明之德。假象取耦，以相譬喻[④]；断短为节，以应小具：所以曲说攻论，应感而不匮[⑤]者也。

注释

①破碎：文中指剖析、解析。

②差次：分别等级次序。

③杂：夹杂、间杂。

④譬喻：晓譬劝喻。

⑤匮：缺乏、匮乏。

译文

《缪称》这篇文章的主要内容，是对道德进行了解析，区分了仁义，稍微涉及了人世间的事情，并将这些全部汇集在了变化莫测的大道之中；假借外物来对各种事例进行比拟，就像截断小的竹子作为符节，只是为了适应每一个细小的需求是一样的。对于解决人们采用片面之词来对事情进行辨证，让人们感通应对而不至于环境缺乏理论进行反驳。

原文

《齐俗》者，所以一群生之短修，同九夷之风气，通[①]古今之论，贯万物之理，财制礼义之宜，擘画[②]人事之终始者也。

注释

①通：融会贯通。贯穿。

②擘画：描绘。

译文

《齐俗》这篇文章的主要内容，统一了万物之间的长短和优劣，同九夷地区的风气，贯通了古今不同的论述，融合了万物之间的道理，对礼义进行适当的裁剪，从而对整个世界事情的始终进行了描绘。

原文

《道应》者，揽掇[①]遂事之踪，追观往古之迹，察祸福利害之反，考验乎老、庄之术而以合得失之势者也。

注释

①揽掇：掇拾，拾取。

译文

《道应》这篇文章的主要内容，通过选取一些成功的事迹，追寻观察古代的印记，考察祸福利害之间的辩证关系，和老子、庄子的学说进行相互的论证，最终分析了得失变化的形势。

原文

《氾论》者，所以箴缕縩緻之间[①]，攕[②]揳唲齵之郄也，接径直施，以推本朴，而兆见得失之变，利病之反。所以使人不妄没于势利，不诱惑于事态，有符曬晲③，兼稽时势之变，而与化推移者也。

注释

①箴缕：犹针线。引申为补缀。

②攕：同“櫼”，楔子。

③晲：文中特制天道。

译文

《氾论》这篇文章的主要内容，是用针线缝缀人们思想上的缝隙，通过一些捷径，让使曲道变成正直的捷径，以便对事物的本来面目进行探究，从而对得失的变比和利害关系进行比照。这样一来，人们就不会随便沉沦在势利之中，不被事态的变化迷惑；不仅符合天道运行的规律，而且还可以随时对时势变化进行考究，与自然一起转移变迁。

原文

《诠言》者，所以譬类人事之指①，解喻治乱之体也，差择微言之眇②，诠以至理之文，而补缝过失之阙者也。

注释

①指：同“旨”。

②眇：微妙、奥秘。

译文

《诠言》这篇文章的主要内容，就是希望通过对人世间各种事物的议论，对国家治乱的根本进行辨析，比较深微言论中的奥妙，通过最根本的道理进行解释，从而对政治的过失进行补救。

原文

《兵略》者，所以明战胜攻取之数，形机之势，诈谲之变，体因循之道，操持后之论也，所以知战阵分争之非道不行也，知攻取坚守之非德不强也。诚明其意，进退左右无所失击[①]危[②]，乘势以为资，清静以为常，避实就虚，若驱群羊。此所以言兵也。

注释

①击：同“系”。

②危：同“诡”。

译文

《兵略》这篇文章的主要内容，是战胜敌人、攻取敌阵的方法进行阐述，军事形势的机变，狡诈多变的战术；通过观察战争的规律，可以采取后发制人的策略。表明战争胜负的过程，没有大道是万万不可以的；知道夺取破阵、坚夺城池，没有响应的道德灌输是不可能达到强大的境地的。如果知道了这个意旨，就能进退自如，没有什么是可以失去的；打击危险的敌人，凭借有利的形势，把清解作为准则。避开敌人的主要实力，攻击他们防备松软的地方，就像驱赶牛羊一样。这就是本篇文章中所说的用兵问题。

原文

《说山》《说林》者，所以窍窕[①]穿凿百事之壅遏，而通行贯扃[②]万物之窒塞者也。假譬取象[③]，异类殊形，以领理人之意，解堕结纽，说[④]择[⑤]挢困，而以明事埒事者也。

注释

①窍窕：文中是贯通的意思。

②贯扃：关闭。

③取象：以某事物作为榜样。或者取某事物之征象。

④说：同“脱”。

⑤择：同“释”。

译文

《说山》和《说林》这两篇文章的主要内容，是通过对事情开通解决，祛除了万物的障碍从而使前行的道路变得畅通无阻。借用比喻来选取对象，联系不同的种类和殊别的形体，让人们明白世间各种事物之间蕴含的要义，解开疑团，而用来阐明百事变化的征兆。

原文

《人间》者，所以观祸福之变，察[①]利害之反，钻脉得失之迹，标举[②]终始之坛也，分别百事之微，敷陈[③]存亡之机，使人知祸之为福，亡之为得，成之为败，利之为害也。诚喻至意，则有以倾侧偃仰世俗之间，而无伤乎谗贼螫毒者也。

注释

①察：观察，洞察。

②标举：揭示，标明。

③敷陈：详尽的陈述。

译文

《人间》这篇文章的主要内容，是通过对祸福变化和利害正反演变的观察；按照脉络对得失的踪迹进行研究，从而揭示了事物的更替关系。区分各种事物之间细微的差别，陈述存、灭的变化，让人们明白福祸相依，坏事也可以变为好事，成功可以变为失败，有利可以变为有害。如果真正明白了其中蕴含的道理，那么在世俗之间俯仰曲伸就非常容易了，从而不会被谗佞和坏人所谗害。

原文

《修务》者，所以为人之于道未淹[①]，味论未深，见其文辞，反之以清静为常，恬淡为本，则懈堕[②]分学，纵欲适情，欲以偷自佚[③]，而塞于大道也。今夫狂者无忧，圣人亦无忧。圣人无忧，和以德也；狂者无忧，不知祸福也。故通而无为也，与塞而无为也同，其无为也同，其所以无为则异。故为之浮称流说其所以能听，所以使学者孳孳④以自几也。

注释

①淹：精通。

②懈堕：懒惰，松散。

③自佚：自逸。自图安逸。

④孳：同“孜”。一心一意或用心力的样子。

译文

《修务》这篇文章的主要内容，针对“道”没有精深的理解，进行了探讨，但是却没有很深入，文章只重视那些文辞，却把清静误当作法则，把淡漠作为事情的根本，从而放纵人们堕落，放弃学业，放纵情欲，满足安逸，如今的疯子是没有忧虑的，而圣人也是没有忧愁焦虑的事情。但是圣人没有忧虑，是通过德性来进行协调的；疯子没有忧虑，却从来都不知道祸、福的发生。所以，通晓大道的人实行“无为”，和什么都不明白的人实行“无为”，最终的效果是相同的，只不过原因是根本不同的。所以针对虚浮不实和丝毫没有根据的悖论，只有什么都不明白的人才会听从。人们只有孜孜不倦的学习，才能接近大道。

原文

《泰族》者，横①八极，致高崇，上明三光②，下和水土，经古今之道，治伦理之序，总万方之指，而归之一本，以经纬治道，纪纲王事。乃原心术，理性情，以馆③清平之灵，澄彻神明之精，以与天和相婴薄④。所以览五帝三王，怀天气，抱天心，执中含和，德形于内，以莙凝天地，发起阴阳，序四时，正流方，绥之斯宁，推之斯行，乃以陶冶万物，游化群生。唱而和，动而随，四海之内，一心同归。故景星⑤见⑥，祥风至，黄龙下，凤巢列树，麟止郊野。德不内形，而行其法籍，用其制度，神祇弗应，福祥不归，四海不宾，兆民弗化。故德形于内，治之大本。此《鸿烈》之《泰族》也。

注释

①横：文中为贯穿，布满的意思。

②三光：指日、月、星。

③馆：居住。

④婴薄：环绕接近。

⑤景星：大星、德星、瑞星。

⑥见：同“现”。

译文

《泰族》这篇文章的主要内容，就是研究道旨和德性之间的关系。“道”在四方八极之内到处都存在，它高的至高无上，可以让日月星光都放出光芒，向下可以使水土和谐。“道”贯穿着古今的发展，为伦理制定规则，总括万方的要旨，把所有的一切都通向道这个根本。这样一来，就便于规划治理天下，并管理统治着所有的事情，即使是思想和意识的源流，也可以进行探究。“道”可以安治清净的灵魂，澄清变化多端的精神，充分融合祥和之气。所以，观览五帝三皇的业迹，心中怀着上天下达的意旨，秉承大地之气；公正执法，和气为重；大德在内心中逐渐形成，凝结在广袤的天地之中，继而引发阴、阳二气；规定了四季变化的顺序，把正气传向了四面八方。用它对天下进行安抚，天下就会安宁，推广它，天下变很快就能盛行起来。于是化育万物，流动生物。就像唱歌的时候有和声，活动的时候有跟随一样，天下之内，意念归合到了一起。因此，瑞星、吉祥之风都会随之而来，黄龙也会降下，凤凰在树上筑巢，麒麟在郊野停息。内心的大德没有形成，就算是推行了法令，天地之神不会响应，幸福吉祥也不会来临；四海不会宾服，万民也不会感化。因此，道德在内心形成，才是最根本的事情。这就是《鸿烈》中的《泰族》所要表达的内容。

原文

凡属书者，所以窥道开塞，庶后世使知举错[①]取舍之宜适，外与物接而不眩[②]，内有以处神养气，宴炀[③]至和，而已自乐所受乎于地者也。故言道而不明终始，则不知有所仿依；言终始而不明天地四时，则不知所避讳[④]；言天地而不引譬援类[⑤]，则不知精微；言至精而不原人之神气，则不知养生之机；原人情而不言大圣之德，则不知五行之差；言帝道而不言君事，则不知小大之衰；言君事而不为称喻，则不知动静之宜；以称喻而不以俗变，则不知合同大指；已言人变而不言往事，则不知道德之应；知道德而不知世曲，则无以耦万方；知氾论而不知诠言，则无以从容；通书文而不知兵指，则无以应卒；已知大略而不知譬喻[⑥]，则无以推明事；知公道而不知人间，则无以应祸福；知人间而不知修务，则无以使学者劝力；欲强省其辞，览总其要，弗曲行区人，则不足以穷道德之意。故著书二十篇，则天地之理究矣，人间之事接矣，帝王之道备矣。

注释

①错：同“措”。

②眩：晕眩、迷糊。

③炀：同“荡”。

④避讳：回避；避忌。

⑤引譬援类：引：援引；譬：比方。援引相类似的例证来说明事理。

⑥譬喻：晓譬劝喻。

译文

概括著书的目的，就是为了观察大道的开启和阻塞，希望后世的人们能够借鉴正确的举止措施，指导取舍怎么才是适当的，外部和万物进行交接的时候不会迷惑，在内部可以颐养元气，平静祥和，而自己也能够从中得到快乐，这些都是在天地之中明白的道理。因此谈论人道却不知道事情是怎么变化发展的，就不会学习和仿效；谈论事物的始终变化，却不明了天地四时的变化，就不会知道灾祸和忌讳的变化；谈论天地四时的变化，却不去举例论证，就不会洞悉微小的事物；谈论人的精气，却不去研究发生的原因，就不会明白养生的机变；探索人之常情却不理睬最高的道德，五种行为之间的差别是不会明白的，只谈论天子之道却不去述说各国君主之间的事情，便不知道大小的等次；谈论国君之事却不去阐述治国的道理，就不会明白动静的适度是多少；谈论陈说譬喻，却不去考虑谈论风俗的变化，就不会明白大要；谈论习俗变化去不谈论旧事，就不会了解道德的更变；了解道德的更变却不知道世事的曲折，就不能迁就事情的各种变化；知道旁征博引却不知道阐述最为重要的要点，就不能说从容不迫；通晓书籍文章却不知道用兵的要旨，是无法应对战争突然的变化的；知道大要而不知道使用譬喻，就没有办法推论明白事理；了解公正之道而不知道人间曲直，便不能应对祸福；知道世间的事情却不去努力，是无法让人勤奋学习的。想方设法删减文字，只是想要概括文章的要点，而不经过委婉曲折地引入境地，便不能够穷尽道德的旨意。因此著书二十篇，阐述明白天地之间的道理。人世间的事情相互联系，帝王统治天下的方法也就全备了。

古韵体验

Gu Yun Ti Yan

淮南子

《淮南子》立意高远，结构谨严，文章大气磅礴，可以称得上是一部绝代奇书。其“牢笼天地，博极古今”的思想体系和精深的内涵，成为先秦及西汉黄老道家学派不朽的殿后之作。

《淮南子》对西汉前期道家思想系统而详尽的总结，是研究黄老思想极其宝贵而丰富的资料。它吸收诸子百家学说，融会贯通而成，是对先秦百家之学一次大规模的融合与反思。它第一次系统地提出了宇宙生成论，反映了汉代道家的天人之学，它以唯物的发展的眼光考察历史，得出了许多朴素的接近于唯物史的观点，并提出了一系列治国安邦的经济政策。

可以说《淮南子》总结了先秦科学思想与科技成果，在天文、地理、物理、化学、农学、医学、养生学、军事等许多领域，取得了突出的成就，是一部百科全书式的学术巨著。

通过《淮南子》，不仅可以进一步了解先秦和秦汉的思想文化，尤其是汉初道家的特殊性格，透视当时酝酿这些思想的土壤的一般知识、思想与信仰的历史。而且可以更好地清理与叙述中国的思想是如何从古代到现代被逐渐建构起来，以促进中国传统文化的现代性转型，高扬中国人文精神。

在政治哲学上，《淮南子》对儒家的仁义礼乐、法家法的产生、演进和功用等都进行了推本求源的分析和批判，深刻地指出了他们的弊端，对墨家的尚贤、尚同及其国家叙说也加以吸收和改造，从而使儒家、墨家、法家的学说在道家理论的领导下，形成了“自然无为”的人文制度。

西汉时期，道教蓬勃发展，“无为”的思想影响了无数人。

马克思主义认为人类不是像动物那样肯定自然的直接存在状态，使自己消极地适应自然，而是以自身的活动否定自然的直接存在状态，赋予它以合乎人类目的或需要的形式，使自然之物成为合乎人的目的的“为我之物”。

实践作为人对外部世界的否定性活动，固然是一种客观的物质性活动，却不是一种盲目的活动，而是一种有意识、有目的的活动，一种赋予外部世界以合目的性形式的创造性活动。一切属人的活动都是有意识、有目的的，这是它与动物的活动的根本不同之处。

在哲学世界观上，坚持唯物主义的《淮南子》对于“无为”的革命性转变，在于将这个概念按照“无违”的意思来解释，赋予了它通过合规律达到合目的，在尊重客观规律的前提下充分发挥人的主观能动性的含义在其中。这种崭新意义的诠释，体现了一种重视客观规律的科学态度。

刘安在这本书中，同时还对民间鬼神祭祀的起由、共用进行了历史客观的分析，同时还运用阴阳气论进行阐释，这种分析和阐释是唯物的、辩证的、理性的。

这种精神彰显的是一种由信仰而不迷信的，近似于科学主义的态度，是非常难能可贵的。同时，对我们现在研究和学习道教来说，它所包含的理性主义精神无疑是宝贵的。我们现在生活的世界，科学日益昌明，科技日益月异，人文和社会学科的知识、观点和思想百家争鸣，它们相互碰撞、渗透、激荡。这就需要不断更新、完善自我。

《淮南子》中，肯定并学习前人经验，以开放的胸怀、务实的态度以及严谨的作风，可以让我们在回应现实生活中的各项要求和困惑，以及质疑和批判的时候能够做出积极而圆满的解答。

《淮南子》中的有机整体主义思想，对当代中国社会主义和谐社会的建设有着重要的价值和启示。《淮南子》从宇宙生成论的高度，以道为万物生成的本源，通过“道”或“气”将天地人万物构成一个有机联系的整体。

同时，还引入了阴阳四时五行叙说，让人们可以更加直接便捷地了解自我、了解天地、了解万物，从而去效法自然、顺应自然。在这种顺应的过程中，人通过气感应自然万物，和自然万物建立起一种相须而成的对应关系，在这种效法自然的过程中，人和自然、社会彼此影响，彼此依赖，从而形成一个整体，最终达到自然和谐、人类和谐、人与自然和谐的境界。

这种境界就是《淮南子》所追求的“至德境界”，在这个境界中，人们就能够不断自我观察、反省和修正。这在我们现在的社会中非常重要，对建设社会主义事业具有重大的参考和借鉴的价值。

《淮南子》在中国法律思想史上的贡献也是巨大的。它的编写完成了对前代法律主张及其效果的分析总结，表现出西汉时期封建法律思想的基本特征。诸如，以维护封建大一统为目的，以“礼义”原则为立法核心，以“礼治”与“法治”的结合为内容，强调法令顺势因时，因世制宜，吸收一切有利的法律主张以进一步加强封建统治等。

这一方面体现了地主阶级在夺取政权后一段时间内的积极进取精神，另一方面也说明了中国古代法律思想发展的从“礼治”到“法治”再到礼法合治的必然趋势。

此外，通过《淮南子》的编写，保存了许多十分珍贵的古代法制和法律思想资料。例如，关于远古“三皇五帝”时期立法情况的叙述，关于殷商、西周部分法令的记载，关于孔子、墨子、孙子、庄子有关法律言行的记录，关于秦汉律令和刑罚制度的解说等等，很多都仅见《淮南子》而别史无载。这些成为我们今天研究中国古代法律史所不可多得的重要材料和依据。

总而言之，《淮南子》涉及了本体论，即道、气、宇宙生成、阴阳感应等，还涉及了历史观、法律思想、无为理论、修养理论、乐律理论、心理学思想、知识理论等种种方面，值得我们去不断学习和借鉴。

延伸阅读
Yan Shen Yue Du
淮南子

化延伸

——与本书内容有关的图书、影视

《吕氏春秋》
作者：吕不韦

研究缩影

《吕氏春秋》是在秦国丞相吕不韦主持下，集合门客们编撰的一部黄老道家名著。成书于秦始皇统一中国前夕。此书以道家思想为主干贯穿全书始终，融合各家学说。吕不韦自己认为其中包括了天地万物古往今来的事理，所以称之为《吕氏春秋》。

《列子》
作者：列子

研究缩影

《列子》又名《冲虚经》，于公元前450至公元前375年撰写，是道家的重要典籍，也是中国古代思想文化史上著名的典籍，属于诸家学派著作，是一部智慧之书，它能开启人们心智，给人以启示，给人以智慧。相传是列子、列子弟子以及列子后学著作的汇编。《列子》的每篇文字，不论长短，都自成系统，各有主题，反映睿智和哲理，浅显易懂，饶有趣味，只要我们逐篇阅读，细细体会，就能获得教益。

百家讲坛《名相管仲》
制片地区：中国
集数：5
上映时间：2010
作者：董平

研究缩影：

董平，1959年9月4日出生，浙江衢州人，现任浙江大学中国思想文化研究所所长、哲学系教授、博士生导师，浙江省文史研究馆馆员，2010年3月28日起在百家讲坛主讲《名相管仲》，社会反响很好。

名家链接

1.贾谊

（公元前200年—公元前168年）西汉初年著名政论家、文学家，世称贾生。贾谊少有才名，十八岁时，以善文为郡人所称。文帝时任博士，迁太中大夫，受大臣周勃、灌婴排挤，谪为长沙王太傅，故后世亦称贾长沙、贾太傅。贾谊著作主要有散文和辞赋两类，散文的主要文学成就是政论文，评论时政，风格朴实峻拔，议论酣畅，鲁迅称之为“西汉鸿文”，代表作有《过秦论》《论积贮疏》《陈政事疏》等。其辞赋皆为骚体，形式趋于散体化，是汉赋发展的先声，以《吊屈原赋》《鹏鸟赋》最为著名。

2.刘向

（约公元前77年—公元前6年），　原名更生，字子政，西汉楚国彭城人，祖籍沛郡丰县，先祖为丰县刘邦异母弟刘交。刘向为西汉经学家、目录学家、文学家，其散文主要是秦疏和校雠古书的“叙录”，　曾奉命领校秘书，所撰《别录》，为我国最早的图书公类目录。著《九叹》等辞赋三十三篇，大多亡佚。今存《新序》《说苑》《列女传》《战国策》等书，其著作《五经通义》有清人马国翰辑本，《山海经》系其与其子刘歆共同编订。较有名的有《谏营昌陵疏》和《战国策叙录》，叙事简约，理论畅达、舒缓平易是其主要特色。

经典语录

1.兰生幽谷，不为莫服而不芳；舟在江海，不为莫乘而不为；君子行义，不为莫知而止休。

2.心欲小而志欲大，智欲圆而行欲方。

3.有大略者不可责以捷巧，有小智者不可任以大功。

4.圣人之于善也，无小而不举；其于过也，无微而不改。

5.塞翁失马，焉知非福。

6.治国之道，在乎猛宽得中

7.利害之道，祸福无门，不可求而得也。

8.举事以为人者，众助之；举事以自为者，众去之。

9.临渊羡鱼，不如退而结网。

10.福莫大于无祸，利莫美于不丧。

11.行一棋不足以见智，弹一弦不足以见悲。

12.行同趋同，千里相从；行不合趋不同，对门不通。

13.省事之本，在于节欲。

图书在版编目（CIP）数据

淮南子/刘安著. --长春：北方妇女儿童出版社，2016. 3（2021.2重印）
（中华国学经典全民阅读书库）
ISBN 978-7-5385-8981-8

Ⅰ. ①淮… Ⅱ. ①刘… Ⅲ. ①杂家-中国-西汉时代 Ⅳ. ①B234. 4

中国版本图书馆 CIP 数据核字（2016）第 060230 号

淮南子
HUAINANZI

出 版 人　刘　刚
责任编辑　吴　桐
开　　本　710mm×1000mm　1/16
印　　张　13
字　　数　165 千字
版　　次　2016 年 2 月第 1 版
印　　次　2021 年 2 月第 3 次印刷
印　　刷　三河市华晨印务有限公司
出　　版　北方妇女儿童出版社
发　　行　北方妇女儿童出版社
地　　址　长春市净月开发区龙腾国际大厦A座
电　　话　总编办：0431-81629600

定　　价　29. 80 元